하루 5분,
나를 찾는
컬러도트
감정필사

저자 최 승 호

경력
인하대학교 사범대학 국어교육과 졸업
경찰공무원(학교전담경찰관 경력경쟁채용 1기)
인천가정법원 위탁보호위원
범죄심리사 2급(한국심리학회)

저서
'아이들은 죄가 없습니다.'(2025, 5 가나북스)

수상경력
2018년 중부일보 홍익대상(경찰공무원)
2023년 인천시 표창장(남성 육아 문화 확산 기여)

강의
초·중·고등학생 대상 학교폭력 등 범죄예방교육 다수
교사·교육복지사 대상 교육 실시
직원 대상 청소년 선도·보호 업무 교육 실시(천안, 대전, 아산, 인천 등)

인스타그램
@garaon_papa

하루 5분,
나를 찾는
컬러도트
감정필사

최승호 지음

가나북스

프롤로그

288개의 5분 중 단 하나

수 백 권의 책을 읽었습니다. 다양한 사람들을 만나고, 수많은 경험을 쌓았습니다. 자기계발서에서 성공의 비결을 찾으려 했고, 심리학 책에서 마음의 평안을 구했습니다. 철학서에서 삶의 의미를 탐구했고, 에세이에서 위로를 받으려 했습니다. 그런데 결국 돌고 돌아서 깨달은 것은 단 하나였습니다. 진정한 가치는 '나'에게서 시작된다는 것이었습니다. 어제의 나, 오늘의 나, 내일의 나. 모든 것이 결국 '나'로 시작해서 '나'로 끝납니다. 아무리 많은 책을 읽어도, 아무리 많은 사람을 만나도, 아무리 많은 성취를 이뤄도, 내가 나 자신을 돌보지 않으면 진정한 행복은 찾을 수 없었습니다.

시시각각 빠르게 변화하는 세상 속에서 우리는 끊임없이 경쟁하고 비교당합니다. SNS에는 완벽해 보이는 다른 사람들의 모습이 넘쳐나고, 뉴스에는 성공한 사람들의 이야기가 가득합니다. 그 사이에서 우리의 '진정한 나다움'은 점점 희미해져 갑니다.

'나는 왜 이렇게 못하지?'
'다른 사람은 다 잘하는데 나만 뒤처지는 것 같아.'
'내가 지금 하는 일이 의미가 있을까?'

이런 생각들이 마음속을 떠나지 않습니다. 그래서 우리는 또다시 답을 찾으러 떠납니다. 진정한 나다움을 찾기 위해 책을 읽고, 글을 쓰고, 강의를 듣습니다. 때로는 새로운 도전을 시작하기도 합니다. 그리고 쉬지 않고 달립니다. 하지만 잠깐, 정말 그렇게 복잡한 방법만이 답일까요?

저는 8년간 결혼생활을 하며, 두 아이의 아빠로 살아오면서 가장 가까이에서 한 여성의 삶을 지켜봤습니다. 아침 일찍 일어나 가족을 위해 준비하고 하루 종일 수많은 일을 처리하는 모습을 보았습니다. 그 과정에서 때로는 지치고, 때로는 좌절하고, 때로는 자신을 잃어가는 모습도 함께 보았습니다. 그리고 깨달았습니다. 거창한 변화나 완벽한 계획이 필요한 것이 아니라, 단지 하루 5분만이라도 자신을 위한 시간이 필요하다는 것을 말입니다.

하루 24시간을 5분 단위로 쪼개보세요. 하루에 5분이 몇 개인지 알고 있습니까? 자그마치 288개입니다. 288개의 5분이 우리에게 주어집니다. 그중에서 단 1개만이라도 나를 위해 사용해보면 어떨까요?

288분의 1, 겨우 0.35%의 시간입니다. 커피 한 잔 마시는 시간, 스마트폰 보는 시간보다도 짧습니다. 이 5분을 오롯이 자신을 위해 사용하는 것입니다. 누군가를 위해서가 아니라, 어떤 성과를 위해서가 아니라, 순전히 '나' 자신을 알아가고 돌보는 시간 말입니다. 이 책에 담긴 100일의 여정은 바로 그 5분을 위한 안내서입니다. 거창한 철학이나 복잡한 이론이 아닌, 일상 속에서 실천할 수 있는 작은 변화들을 담았습니다.

매일 하나씩 주어지는 따뜻한 메시지를 천천히 필사하면서, 그 문장들이 당신의 마음에 어떤 울림을 주는지 느껴보세요. 필사 전후의 감정을 색깔로 표시하며, 당신의 마음이 어떻게 변화하는지 관찰해보세요. 100일 후, 당신은 분명히 달라져 있을 것입니다. 극적인 변화가 아닐 수도 있습니다. 하지만 자신을 바라보는 시선이 달라지고, 자신에게 건네는 말이 달라지고, 자신을 대하는 마음이 달라져 있을 것입니다.

288개의 5분 중 단 하나, 당신은 그 정도의 시간을 자신에게 줄 수 있지 않습니까?
오늘보다 나은 내일을 위해 지금, 이 순간부터 시작해보세요. 당신의 마음에 색을 칠하는 소중한 시간이 되기를 바랍니다.

결혼 8년차, 사랑꾼이 되고 싶은 남편, 두 아이의 아빠
그리고 당신의 마음을 응원하는 한 사람

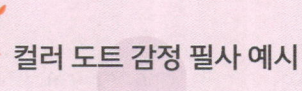 컬러 도트 감정 필사 예시

1일

🔖 **필사 전 지금 내 기분은?**

존재 그 자체로 소중한 나

"나는 지금 이 순간만으로도 충분히 소중한 존재입니다.
완벽하지 않아도 괜찮습니다. 실수해도 괜찮습니다.
때로는 지쳐도, 때로는 화가 나도 괜찮습니다.
세상은 나에게 완벽함을 요구할지 모르지만,
나는 그 기대에 부응할 의무가 없습니다.
그 모든 모습이 진짜 나이고,
그 진짜 나야말로 사랑받을 이유입니다.
아무 조건 없이도 나는 이미 충분히 가치 있는 존재입니다.
오늘도 있는 그대로의 나를 받아들이고 사랑합니다."

🔖 **필사 후 마음이 어떻게 변했나요?**

2025 . 9 . 22 . 월

존재 그 자체로 소중한 나

" 나는 지금 이 순간만으로도 충분히 소중한 존재입니다.
완벽하지 않아도 괜찮습니다. 실수해도 괜찮습니다.
때로는 지쳐도, 때로는 화가 나도 괜찮습니다.
세상은 나에게 완벽함을 요구할지 모르지만,
나는 그 기대에 부응할 의무가 없습니다.
그 모든 모습이 진짜 나이고,
그 진짜 나야말로 사랑받을 이유입니다.
아무 조건 없이도 나는 이미 충분히 가치 있는 존재입니다.
오늘도 있는 그대로의 나를 받아들이고 사랑합니다."

🔖 오늘 하루를 한 단어로 표현 한다면?

예 감사, 피곤, 설렘, 평온…

감사함

차례

프롤로그 06
컬러 도트 감정 필사 예시 08

나를 발견하다 15

1일 · 존재 그 자체로 소중한 나
2일 · 역할 이전의 나를 기억하며
3일 · 불완전한 사랑의 아름다움
4일 · 오늘 하루 최선을 다한 나
5일 · 나 자신에게 건네는 위로
6일 · 나의 행복이 모두의 행복
7일 · 자기사랑이 모든 사랑의 시작

작은 쉼표 찾기 47

15일 · 5분의 기적
16일 · 호흡 속에서 찾는 평안
17일 · 자연이 주는 위로
18일 · 몸이 보내는 신호 듣기
19일 · 혼자만의 시간을 허락하기
20일 · 작은 즐거움을 허용하기
21일 · 쉼표가 있는 삶

마음을 다독이다 31

8일 · 감정의 파도를 받아들이기
9일 · 완벽하지 않은 하루도 의미 있다
10일 · 나만의 속도로 걷는 삶
11일 · 작은 기쁨을 발견하는 눈
12일 · 나를 위한 시간의 소중함
13일 · 실수 뒤에 찾아오는 성장
14일 · 지금 이 순간의 기적

관계 속에서 나 찾기 63

22일 · 역할 속에 숨은 진짜 나
23일 · 경계선을 그으며 사랑하기
24일 · 나의 목소리를 찾기
25일 · 비교하지 않는 나만의 길
26일 · 함께 성장하는 관계
27일 · 혼자서도 충분한 나
28일 · 진정한 소통의 시작

내면의 힘 키우기 79

29일 · 내 안의 숨겨진 힘
30일 · 30일의 여정을 돌아보며
31일 · 실패도 나의 일부
32일 · 꿈을 꾸는 용기
33일 · 변화를 받아들이는 용기
34일 · 포기하지 않는 마음
35일 · 내면의 소리에 귀 기울이기

일상의 마법 찾기 111

43일 · 평범한 순간의 특별함
44일 · 감사의 마법
45일 · 손으로 하는 일의 의미
46일 · 계절의 변화를 느끼기
47일 · 작은 정리의 힘
48일 · 음식에 담긴 사랑
49일 · 하루를 마무리하는 의식

감정과 친구되기 95

36일 · 슬픔을 품어주기
37일 · 화를 건강하게 표현하기
38일 · 기쁨을 마음껏 누리기
39일 · 불안과 마주하기
40일 · 감정의 메시지 듣기
41일 · 감정의 파도 타기
42일 · 감정과 행동 분리하기

희망의 씨앗 심기 127

50일 · 50일의 여정을 축하하며
51일 · 내일은 새로운 하루
52일 · 작은 변화가 만드는 기적
53일 · 나의 노력을 믿기
54일 · 희망을 선택하기
55일 · 어둠 뒤에 오는 빛
56일 · 나라는 존재가 주는 희망

차례

사랑을 전하기 143

57일 · 진심에서 나오는 사랑
58일 · 따뜻한 손길의 힘
59일 · 말하지 않아도 전해지는 사랑
60일 · 사랑받기 위해 완벽할 필요는 없다
61일 · 사랑의 교과서가 되는 나
62일 · 사랑은 주는 만큼 더 커진다
63일 · 사랑한다고 말하기

지혜 쌓기 175

71일 · 경험이라는 최고의 선생님
72일 · 실수에서 얻는 소중한 교훈
73일 · 모르는 것을 인정하는 용기
74일 · 조언을 듣되 판단은 내가
75일 · 인내가 주는 답
76일 · 나이와 지혜는 다르다
77일 · 살아온 모든 순간이 지혜

새로운 나와 만나기 159

64일 · 변화를 두려워하지 않기
65일 · 어제와 다른 오늘의 나
66일 · 새로운 도전의 설렘
67일 · 나이는 숫자일 뿐
68일 · 배움에는 끝이 없다
69일 · 내 안의 무한한 가능성
70일 · 70일의 변화를 인정하기

감사와 성찰 191

78일 · 숨 쉬는 것만으로도 감사
79일 · 작은 것에 감사하는 마음
80일 · 80일을 함께한 나에게
81일 · 힘든 시간들도 선물이었다.
82일 · 지나온 모든 순간이 현재의 나
83일 · 후회보다는 감사를, 원망보다는 이해를
84일 · 나의 존재 자체가 선물

용기와 도전 207

85일 · 두려움을 이겨내는 진짜 용기
86일 · 작은 용기가 만드는 큰 변화
87일 · 한계라고 생각했던 것들
88일 · 도전하지 않으면 후회만 남는다
89일 · 불안함 너머의 새로운 세상
90일 · 90일을 버텨낸 강인함
91일 · 마지막 10일의 의미

완성을 향해 223

92일 · 끝이 보일 때 더욱 아름다운 것
93일 · 93일 동안의 약속을 지킨 나
94일 · 매일 매일이 작은 기적
95일 · 포기하고 싶었던 순간들을 이겨낸 의지
96일 · 변화는 하루아침에 오지 않지만
97일 · 97일 전의 나와 지금의 나
98일 · 마지막을 향해 달려가는 지금도 소중하다

새로운 시작 239

99일 · 끝은 또 다른 시작의 이름
100일 · 자신을 사랑하는 법을 배운 100일

에필로그 244

나를 발견하다

🔖 **필사 전 지금 내 기분은?**

화남   불안   보통   편안   행복

존재 그 자체로 소중한 나

"나는 지금 이 순간만으로도 충분히 소중한 존재입니다.
완벽하지 않아도 괜찮습니다. 실수해도 괜찮습니다.
때로는 지쳐도, 때로는 화가 나도 괜찮습니다.
세상은 나에게 완벽함을 요구할지 모르지만,
나는 그 기대에 부응할 의무가 없습니다.
그 모든 모습이 진짜 나이고,
그 진짜 나야말로 사랑받을 이유입니다.
아무 조건 없이도 나는 이미 충분히 가치 있는 존재입니다.
오늘도 있는 그대로의 나를 받아들이고 사랑합니다."

🔖 **필사 후 마음이 어떻게 변했나요?**

화남   불안   보통   편안   행복

🔖 **오늘 하루를 한 단어로 표현 한다면?**

예 감사, 피곤, 설렘, 평온…

🔖 필사 전 지금 내 기분은?

역할 이전의 나를 기억하며

"수많은 역할 이전에 나는 소중한 한 사람이었습니다.

꿈을 꾸고, 사랑하고, 웃고 울던 그 마음이

지금도 내 안에 살아 숨 쉬고 있습니다.

직장에서의 역할, 가정에서의 역할에 묻혀서 그 마음을 잊지 마세요.

가끔은 그때의 꿈을 떠올리고,

그때의 순수함을 느껴보세요.

역할을 벗어난 순수한 나의 마음,

그 마음을 잃지 마세요. 그것이 나의 진짜 힘입니다.

오늘도 역할 뒤에 숨은 진짜 나를 만나봅니다.

나와 만나는 시간, 단 5분이라도 좋습니다"

🔖 필사 후 마음이 어떻게 변했나요?

🔖 오늘 하루를 한 단어로 표현 한다면?

예 감사, 피곤, 설렘, 평온…

🔖 필사 전 지금 내 기분은?

불완전한 사랑의 아름다움

"완벽한 사람은 없습니다. 다만 진심을 다하는 사람이 있을 뿐입니다.
가족에게 화를 낸 후 미안해하는 마음,
더 잘해주고 싶은 간절한 마음,
밤늦게 하루를 반성하며 미안하다고 속삭이는 마음,
그 모든 마음들이 완벽하지 않아도
나를 이미 충분히 사랑하고 있다는 증거입니다.
사랑은 완벽함에서 나오는 것이 아니라 진심에서 나옵니다.
불완전해도 아름다운 나의 사랑을 인정해봅니다.
오늘도 완벽하지 않은 사랑으로 충분히 행복합니다."

🔖 필사 후 마음이 어떻게 변했나요?
화남 불안 보통 편안 행복

🔖 **오늘 하루를 한 단어로 표현 한다면?**

예 감사, 피곤, 설렘, 평온…

4일

🔖 **필사 전 지금 내 기분은?**
화남 　불안　 보통 　편안 　행복

오늘 하루 최선을 다한 나

"오늘 하루도 최선을 다한 나, 그것만으로 충분합니다.
남들과 비교하지 마세요. 어제의 나와도 비교하지 마세요.
SNS 속 완벽해 보이는 다른 사람들의 모습에 위축되지 마세요.
나만의 상황과 나만의 속도가 있습니다.
지금 이 순간 최선을 다하고 있는 나의 모습
세상에서 가장 아름답고 소중합니다.
그 노력하는 모습을 나 스스로 인정해주세요.
스스로를 자책하지 말고 다독여주세요.
완벽하지 않아도 진심을 다한 하루,
그것이 나의 가장 큰 성취입니다."

🔖 **필사 후 마음이 어떻게 변했나요?**
화남 　불안　 보통 　편안 　행복

🔖 **오늘 하루를 한 단어로 표현 한다면?**

예 감사, 피곤, 설렘, 평온…

🔖 필사 전 지금 내 기분은?
　　　　　　　　　　　　　　화남　불안　보통　편안　행복

나 자신에게 건네는 위로

"잠시 멈춰 서서 나 자신에게
'오늘도 고생했어. 잘하고 있어.'라고 말해주세요.
아무도 알아주지 않는 수고로움들,
아무도 보지 못한 작은 배려들,
아침에 일어나 하루를 준비하는 마음,
피곤해도 누군가의 이야기를 들어주는 인내,
그 모든 것들을 나 스스로 인정하고 격려해주세요.
세상에서 가장 따뜻한 위로는 **내가 나에게 주는 것**입니다.
오늘도 나는 나에게 가장 다정한 사람이 되어보겠습니다.
나만큼은 나를 따뜻하게 안아주고 위로해주겠습니다."

🔖 필사 후 마음이 어떻게 변했나요?
　　　　　　　　　　　　　　　　　　화남　불안　보통　편안　행복

🔖 오늘 하루를 한 단어로 표현 한다면?

예 감사, 피곤, 설렘, 평온…

▌ 필사 전 지금 내 기분은?
화남 불안 보통 편안 행복

나의 행복이 모두의 행복

"나의 행복이 주변 사람들의 행복입니다.
내가 웃으면 주변도 밝아지고,
내가 평안하면 분위기도 평안해집니다.
나를 위한 시간이 이기적이라고 생각하지 마세요
내가 행복해야 다른 사람들에게
진짜 사랑과 행복을 줄 수 있습니다.
마른 우물에서는 물이 나오지 않듯이,
지치고 힘든 마음에서는 진정한 사랑이 나올 수 없습니다.
나의 행복은 모든 사람이 함께 누릴 소중한 선물입니다.
오늘present은 당신에게 주어진 선물present입니다."

▌ 필사 후 마음이 어떻게 변했나요?
화남 불안 보통 편안 행복

🔖 **오늘 하루를 한 단어로 표현 한다면?**

예 감사, 피곤, 설렘, 평온…

▎필사 전 지금 내 기분은?

화남 불안 보통 편안 행복

자기사랑이 모든 사랑의 시작

"누구보다 나 자신을 사랑할 자격이 있습니다.
다른 사람을 사랑하기 전에 먼저 나를 사랑하세요.
나의 단점을 받아들이고, 나의 장점을 인정하세요.
나에게 친절한 말을 건네고, 나를 격려해주세요.
나를 아끼고 소중히 여기는 마음이
다른 이들을 진정으로 사랑할 수 있는 힘이 됩니다.
자기돌봄, 자기사랑은 이기심이 아니라 지혜입니다.
그 누가 뭐라고 해도 나 자신이 가장 소중합니다.
오늘부터 나는 나의 가장 든든한 지지자가 되겠습니다."

▎필사 후 마음이 어떻게 변했나요?

화남 불안 보통 편안 행복

🚩 **오늘 하루를 한 단어로 표현 한다면?**

예 감사, 피곤, 설렘, 평온…

마음을 다독이다

🔖 **필사 전 지금 내 기분은?**
　　　　　　　　　　　　　　화남　불안　보통　편안　행복

감정의 파도를 받아들이기

"오늘 내 마음에 일어나는 모든 감정을 인정합니다.
기쁨도, 슬픔도, 화도, 불안도 모두 나의 일부입니다.
감정을 억누르거나 외면하지 않고 그대로 느껴봅니다.
'이런 감정을 가져서는 안 돼'라고 자책하지 않습니다.
감정은 내 마음이 보내는 소중한 메시지입니다.
그 메시지에 귀 기울이고 나를 이해해봅니다.
모든 감정을 받아들이는 것이 진정한 자기사랑의 시작입니다.
감정의 파도가 일어도 나는 여전히 괜찮은 사람입니다.
오늘도 내 마음의 모든 감정을 따뜻하게 품어봅니다."

🔖 **필사 후 마음이 어떻게 변했나요?**
　　　　　　　　　　　　　　　　　　화남　불안　보통　편안　행복

🔖 **오늘 하루를 한 단어로 표현 한다면?**

예 감사, 피곤, 설렘, 평온…

🔖 **필사 전 지금 내 기분은?**
　　　　　　　　　　　　　　화남　불안　보통　편안　행복

완벽하지 않은 하루도 의미 있다

"오늘 하루가 계획대로 되지 않았어도 괜찮습니다.
실수했어도, 게을렀어도, 화를 냈어도 괜찮습니다.
완벽한 하루만이 가치 있는 것이 아닙니다.
흔들리고 망설이고 실패하는 것도 삶의 일부입니다.
완벽하지 않은 나의 모든 순간들이 진짜 나를 만들어갑니다.
오늘 하루도 나만의 방식으로 살아낸 소중한 시간입니다.
있는 그대로의 하루를 받아들이고 인정해봅니다.
불완전한 하루였지만 그 안에도 소중한 순간들이 있었습니다.
내일은 또 다른 새로운 하루가 기다리고 있습니다."

🔖 **필사 후 마음이 어떻게 변했나요?**
　　　　　　　　　　　　　　　　　　화남　불안　보통　편안　행복

🔖 **오늘 하루를 한 단어로 표현 한다면?**

예) 감사, 피곤, 설렘, 평온…

▌ **필사 전 지금 내 기분은?**
　　　　　　　　　　　　　　　화남　불안　보통　편안　행복

나만의 속도로 걷는 삶

"남들의 속도에 맞추려 애쓰지 않습니다.

빠르게 달려야 한다는 압박감에서 벗어납니다.

내게는 나만의 리듬과 나만의 속도가 있습니다.

때로는 천천히, 때로는 멈춰서 쉬어가도 됩니다.

쉼도 성장의 일환입니다.

남과 비교하며 조급해하지 않고 나만의 길을 걸어갑니다.

중요한 것은 속도가 아니라 방향입니다.

나만의 속도로 나만의 길을 걸어가는 것이 가장 아름답습니다.

느려도 괜찮습니다. 나는 내 속도로 충분히 잘하고 있습니다.

오늘도 나만의 리듬으로 하루를 살아갑니다."

▌ **필사 후 마음이 어떻게 변했나요?**
　　　　　　　　　　　　　　　　　화남　불안　보통　편안　행복

🔖 **오늘 하루를 한 단어로 표현 한다면?**

예 감사, 피곤, 설렘, 평온…

🔖 **필사 전 지금 내 기분은?**
　　　　　　　　　　　　　　화남　불안　보통　편안　행복

작은 기쁨을 발견하는 눈

"오늘 하루 속에서 작은 기쁨을 찾아봅니다.

따뜻한 햇살, 맛있는 커피 한 잔, 좋아하는 음악,

가족과의 대화, 아이들의 웃음소리, 친구의 안부 메시지,

이런 소소한 순간들이 나의 하루를 빛나게 합니다.

큰 행복을 기다리느라 작은 행복을 놓치지 않습니다.

지금 여기에 있는 작은 기쁨들을 소중히 여깁니다.

작은 것에 감사할 줄 아는 마음이 큰 행복을 만들어냅니다.

평범한 하루 속에도 수많은 작은 기적들이 숨어있습니다.

오늘도 작은 기쁨들을 하나씩 발견해나가겠습니다."

🔖 **필사 후 마음이 어떻게 변했나요?**
　　　　　　　　　　　　　　　　　화남　불안　보통　편안　행복

▶ 오늘 하루를 한 단어로 표현 한다면?

예 감사, 피곤, 설렘, 평온…

🔖 **필사 전 지금 내 기분은?**
화남 불안 보통 편안 행복

나를 위한 시간의 소중함

"하루 24시간은 1440분, 그 중 5분이 288개나 됩니다.
하루 중 5분이라도 온전히 나만을 위한 시간을 만듭니다.
가족을 위해서도, 일을 위해서도 아닌 순전히 **나를 위한 시간**입니다.
이 시간은 사치가 아니라 나에게 꼭 필요한 시간입니다.
깊게 숨을 쉬거나, 좋아하는 글을 읽거나, 음악을 듣거나,
그저 조용히 앉아 나 자신과 만나는 시간입니다.
이 작은 시간이 나를 다시 충전시켜 줍니다.
나를 돌보는 것은 다른 사람을 더 잘 돌볼 수 있는 힘이 됩니다.
오늘도 나만을 위한 소중한 5분을 만들어보겠습니다.
5분이면 됩니다."

🔖 **필사 후 마음이 어떻게 변했나요?**
화남 불안 보통 편안 행복

오늘 하루를 한 단어로 표현 한다면?

예 감사, 피곤, 설렘, 평온…

▎ 필사 전 지금 내 기분은?
화남 불안 보통 편안 행복

실수 뒤에 찾아오는 성장

"실수했을 때 나를 용서하는 법을 배웁니다.
완벽하지 않은 모습도 나의 일부임을 받아들입니다.
실수는 끝이 아니라 배움의 시작입니다.
넘어져도 다시 일어설 수 있다는 것을 믿습니다.
실수에서 배운 교훈이 나를 더 지혜롭게 만들어줍니다.
자책 대신 자비로운 마음으로 나를 바라봅니다.
실수하는 나도 사랑받을 자격이 있는 소중한 존재입니다.
완벽하지 않기에 더욱 인간다우며 아름다운 나입니다.
오늘도 실수를 두려워하지 않고 도전해보겠습니다."

▎ 필사 후 마음이 어떻게 변했나요?
화남 불안 보통 편안 행복

🔖 **오늘 하루를 한 단어로 표현 한다면?**

예 감사, 피곤, 설렘, 평온…

🔖 필사 전 지금 내 기분은?
　　　　　　　　　　　　　　화남　불안　보통　편안　행복

지금 이 순간의 기적

"지금 이 순간, 살아서 숨 쉬고 있다는 것 자체가 기적입니다.
당연하게 여겼던 일상의 모든 것들이 실은 선물입니다.
건강한 몸, 사랑하는 사람들, 지금 이 평범한 순간,
모든 것이 감사할 일들입니다.
과거의 후회나 미래의 걱정에서 벗어나 지금에 집중합니다.
현재 이 순간이 **내가 확실히 가지고 있는 시간**입니다.
지금 여기서 충분히 행복할 수 있음을 기억합니다.
매 순간이 다시는 돌아오지 않을 소중한 선물입니다.
오늘도 현재라는 선물을 온전히 만끽해보겠습니다."

🔖 필사 후 마음이 어떻게 변했나요?
　　　　　　　　　　　　　　　　　화남　불안　보통　편안　행복

🔖 **오늘 하루를 한 단어로 표현 한다면?**

예 감사, 피곤, 설렘, 평온…

작은 쉼표 찾기

필사 전 지금 내 기분은?

5분의 기적

"하루 중 5분만 온전히 나를 위해 사용해봅니다.
288개의 5분 중에서 단 하나만 나에게 주는 선물입니다.
이 5분 동안은 누구의 엄마도, 누구의 직장 동료도 아닙니다.
그냥 나 자신으로 존재하는 시간입니다.
깊게 숨을 쉬거나, 창밖을 바라보거나, 차를 마시거나,
스트레칭을 해도 좋습니다. 멍 때려도 괜찮습니다.
무엇을 하든 온전히 나만을 위한 시간입니다.
이 작은 5분이 나의 하루 전체를 바꿀 수 있습니다.
작은 투자가 큰 변화를 만들어내는 마법 같은 시간입니다."

필사 후 마음이 어떻게 변했나요?

🔖 **오늘 하루를 한 단어로 표현 한다면?**

예 감사, 피곤, 설렘, 평온…

📑 **필사 전 지금 내 기분은?**
화남 불안 보통 편안 행복

호흡 속에서 찾는 평안

"숨을 들이마시며 평온을 받아들입니다.
숨을 내쉬며 모든 긴장과 스트레스를 내보냅니다.
복잡한 생각들로 가득한 머릿속을 비우고,
단순히 숨 쉬는 것에만 집중해봅니다.
들숨과 날숨 사이의 작은 정적 속에서 고요함을 느낍니다.
호흡은 언제든 내가 돌아갈 수 있는 안전한 집입니다.
깊은 호흡 몇 번만으로도 마음의 중심을 찾을 수 있습니다.
호흡은 몸과 마음을 연결하는 다리 역할을 해줍니다.
오늘도 깊고 느린 호흡으로 평안을 찾아보겠습니다."

📑 **필사 후 마음이 어떻게 변했나요?**
화남 불안 보통 편안 행복

🔖 오늘 하루를 한 단어로 표현 한다면?

예 감사, 피곤, 설렘, 평온…

51

🔖 **필사 전 지금 내 기분은?**
　　　　　　　　　　　　　　화남　불안　보통　편안　행복

자연이 주는 위로

"창밖의 하늘을 바라보며 마음을 비웁니다.

구름이 흘러가는 모습에서 무상함과 아름다움을 느낍니다.

나무가 바람에 흔들리는 모습에서 유연함을 배웁니다.

새들이 자유롭게 날아다니는 모습에서 해방감을 느낍니다.

자연의 리듬에 내 마음을 맡겨봅니다.

자연은 말없이 나에게 평안을 선물해줍니다.

작은 자연의 모습 속에서도 큰 위로를 받을 수 있습니다.

자연이 주는 무조건적인 사랑을 온몸으로 느껴봅니다.

오늘도 자연과 함께 호흡하며 위로받는 시간을 갖겠습니다."

🔖 **필사 후 마음이 어떻게 변했나요?**
　　　　　　　　　　　　　　　　　　화남　불안　보통　편안　행복

🔖 오늘 하루를 한 단어로 표현 한다면?

예 감사, 피곤, 설렘, 평온…

🔖 **필사 전 지금 내 기분은?**
화남 불안 보통 편안 행복

몸이 보내는 신호 듣기

"오늘 내 몸이 보내는 신호에 귀 기울여봅니다.
어깨가 뭉쳐있다면 천천히 어깨를 돌려줍니다.
목이 뻣뻣하다면 좌우로 부드럽게 움직여줍니다.
눈이 피곤하다면 잠시 눈을 감고 쉬어줍니다.
몸이 원하는 것을 무시하지 않고 들어줍니다.
몸과 마음은 연결되어 있어 몸이 편안하면 마음도 편안해집니다.
내 몸을 소중히 돌보는 것이 나를 사랑하는 방법입니다.
몸은 내 영혼이 머무는 소중한 집입니다.
오늘도 내 몸에게 감사하며 정성껏 돌보겠습니다."

🔖 **필사 후 마음이 어떻게 변했나요?**
화남 불안 보통 편안 행복

오늘 하루를 한 단어로 표현 한다면?

예) 감사, 피곤, 설렘, 평온…

필사 전 지금 내 기분은?
화남 불안 보통 편안 행복

혼자만의 시간을 허락하기

"혼자 있고 싶은 마음을 죄스럽게 여기지 않습니다.
사람들과 함께 있는 것도 좋지만 혼자 있는 시간도 필요합니다.
아무 말도 하지 않고 조용히 있는 시간,
아무 생각도 하지 않고 그냥 존재하는 시간,
이런 시간들이 나를 재충전 시켜줍니다.
이런 시간들은 낭비도 사치도 아닙니다.
혼자만의 시간에서 진짜 나를 만날 수 있습니다.
나와의 약속도 다른 사람과의 약속만큼 소중합니다.
오늘도 나만의 조용한 시간을 소중히 지켜보겠습니다."

필사 후 마음이 어떻게 변했나요?
화남 불안 보통 편안 행복

🔖 오늘 하루를 한 단어로 표현 한다면?

예) 감사, 피곤, 설렘, 평온…

▎ 필사 전 지금 내 기분은?
화남 불안 보통 편안 행복

작은 즐거움을 허용하기

"오늘 하루 작은 즐거움을 찾아 누려봅니다.
좋아하는 음악을 듣거나, 맛있는 간식을 먹거나,
예쁜 꽃을 보거나, 재미있는 영상을 보거나,
작은 것이라도 나를 기쁘게 해주는 일을 합니다.
즐거움을 느끼는 것을 미안해하지 않습니다.
나도 기쁨을 느끼고 즐거워할 자격이 충분히 있습니다.
작은 즐거움의 조각들이 모여서 행복한 하루를 만듭니다.
기쁨은 나누면 배가 되고 혼자 느껴도 소중합니다.
오늘도 작은 즐거움들을 마음껏 누려보겠습니다."

▎ 필사 후 마음이 어떻게 변했나요?
화남 불안 보통 편안 행복

🔖 **오늘 하루를 한 단어로 표현 한다면?**

예) 감사, 피곤, 설렘, 평온…

🔖 **필사 전 지금 내 기분은?**
화남 　 불안 　 보통 　 편안 　 행복

쉼표가 있는 삶

"바쁜 일상 속에도 쉼표가 필요합니다.
쉬지 않고 달리기만 하면 지치고 방향을 잃을 수 있습니다.
잠시 멈춰서 지금까지 온 길을 돌아보고,
앞으로 갈 방향을 생각해보는 시간이 필요합니다.
쉼표는 게으름이 아니라 지혜입니다.
적절한 쉼이 더 나은 내일을 만들어줍니다.
나에게 쉼표를 허락해주는 것도 나를 사랑하는 방법입니다.
쉼표가 있는 문장이 더 아름답듯이 쉼표가 있는 삶이 더 풍요롭습니다.
오늘도 적절한 쉼표를 찍으며 여유 있는 하루를 보내겠습니다.
조급해하지 않아도 됩니다."

🔖 **필사 후 마음이 어떻게 변했나요?**
화남 　 불안 　 보통 　 편안 　 행복

🔖 **오늘 하루를 한 단어로 표현 한다면?**

예 감사, 피곤, 설렘, 평온…

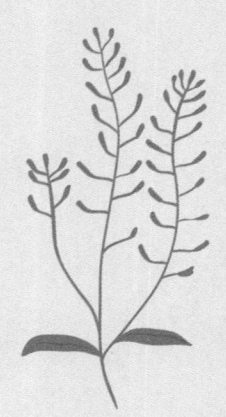

관계 속에서 나 찾기

🔖 **필사 전 지금 내 기분은?**

역할 속에 숨은 진짜 나

"다양한 역할 속에서도 진짜 나를 잃지 않습니다.
직장에서의 나, 가족 앞에서의 나, 친구들 앞에서의 나,
모든 역할이 중요하지만 그 역할이 전부가 아닙니다.
역할을 잘 해내면서도 나 자신을 지켜갑니다.
잘 해낼 필요 없이 그냥 해내도 됩니다.
때로는 역할을 벗고 **그냥 나로만 존재해도 됩니다.**
다른 사람들의 기대에 맞추느라 나를 잃지 않습니다.
균형 잡힌 삶이 건강한 관계를 만들어줍니다.
모든 역할 뒤에 있는 진짜 나를 소중히 여기고 보호합니다.
오늘도 역할과 나 사이의 건강한 경계를 유지해보겠습니다."

🔖 **필사 후 마음이 어떻게 변했나요?**

🔖 **오늘 하루를 한 단어로 표현 한다면?**

예 감사, 피곤, 설렘, 평온…

🔖 **필사 전 지금 내 기분은?**

경계선을 그으며 사랑하기

"누군가를 사랑한다고 해서 모든 것을
무리한 요구까지 다 받아줄 필요는 없습니다.
나도 지켜야 할 것들이 있고 넘지 말아야할 선이 있습니다.
건강한 경계선을 그으면서도 따뜻하게 사랑할 수 있습니다.
'아니요'라고 말할 수 있는 용기도 사랑의 일부입니다.
무조건적인 희생보다는 지속 가능한 사랑이 더 소중합니다.
나를 돌보는 것이 다른 사람을 더 잘 돌볼 수 있는 힘이 됩니다.
경계와 존중이 있는 사랑이 더 건강하고 오래갑니다.
진정한 사랑은 서로의 경계를 존중하는 사랑입니다.
오늘도 사랑 안에서 나 자신을 잃지 않겠습니다."

🔖 **필사 후 마음이 어떻게 변했나요?**

🔖 **오늘 하루를 한 단어로 표현 한다면?**

예 감사, 피곤, 설렘, 평온…

🔖 **필사 전 지금 내 기분은?**
화남 불안 보통 편안 행복

나의 목소리를 찾기

"관계 속에서도 나의 목소리를 잃지 않습니다.
다른 사람의 의견에 맞추는 것도 좋지만 내 생각도 중요합니다.
내가 원하는 것, 내가 싫어하는 것을 솔직하게 표현합니다.
갈등을 피하려고 항상 참기만 하지 않습니다.
나의 감정과 생각도 존중받을 가치가 있습니다.
진정한 관계는 서로의 다름을 인정하고 받아들이는 것입니다.
내 목소리를 내는 것이 관계를 더욱 깊게 만들어줍니다.
침묵보다는 소통을, 회피보다는 대화를 선택합니다.
오늘도 나만의 고유한 목소리를 당당하게 내어보겠습니다."

🔖 **필사 후 마음이 어떻게 변했나요?**
화남 불안 보통 편안 행복

🔖 **오늘 하루를 한 단어로 표현 한다면?**

예 감사, 피곤, 설렘, 평온…

▌필사 전 지금 내 기분은?

화남 불안 보통 편안 행복

비교하지 않는 나만의 길

"다른 사람과 나를 비교하지 않습니다.
모든 사람에게는 각자의 상황과 각자의 속도가 있습니다.
SNS 속 완벽해 보이는 모습들에 휘둘리지 않습니다.
나에게는 나만의 여정과 나만의 성장이 있습니다.
다른 사람의 화려한 성공이 나의 비참한 실패를 의미하지 않습니다.
나만의 기준으로 나만의 성공을 정의합니다.
비교는 독이고 감사는 약입니다.
나만의 속도로 나만의 길을 걸어가는 것이 가장 아름답습니다.
오늘도 남의 인생이 아닌 나의 인생을 충실히 살아가겠습니다."

▌필사 후 마음이 어떻게 변했나요?

화남 불안 보통 편안 행복

🔖 **오늘 하루를 한 단어로 표현 한다면?**

예 감사, 피곤, 설렘, 평온…

26일

🔖 필사 전 지금 내 기분은?
화남 불안 보통 편안 행복

함께 성장하는 관계

"나의 성장만큼 주변 사람들의 성장도 응원합니다.
서로의 꿈을 지지하고 격려하는 관계를 만들어갑니다.
질투나 시기는 접어두고
진심어린 축하와 응원을 선택합니다.
함께 발전하고 함께 기뻐할 수 있는 관계가 아름답습니다.
나의 성장이 다른 사람에게 영감을 줄 수 있고,
다른 사람의 성장에서 나도 배울 수 있습니다.
서로를 끌어올리는 관계가 진정한 인간관계입니다.
선한 경쟁과 건강한 자극이 모두를 더 나은 사람으로 만듭니다.
오늘도 함께 성장하는 아름다운 관계들을 만들어가겠습니다."

🔖 필사 후 마음이 어떻게 변했나요?
화남 불안 보통 편안 행복

🔖 **오늘 하루를 한 단어로 표현 한다면?**

예 감사, 피곤, 설렘, 평온…

▌필사 전 지금 내 기분은?
　　　　　　　　　　　　　화남　불안　보통　편안　행복

혼자서도 충분한 나

"혼자 있을 때도 외롭지 않은 나를 만들어갑니다.

다른 사람이 없어도 나 자신과 즐겁게 시간을 보낼 수 있습니다.

나와의 대화를 즐기고 나만의 시간을 소중히 여깁니다.

타인과의 관계는 소중하지만 그것이 나의 전부는 아닙니다.

혼자서도 충분히 행복할 수 있는 나를 사랑합니다.

독립적인 나일 때 더 건강한 관계를 만들 수 있습니다.

나 자신과의 관계가 모든 관계의 시작입니다.

온전한 개인으로서의 내가 있을 때 진정한 만남이 가능합니다.

오늘도 나만의 완전함을 인정하고 누려보겠습니다."

▌필사 후 마음이 어떻게 변했나요?
　　　　　　　　　　　　　　　　화남　불안　보통　편안　행복

🔖 **오늘 하루를 한 단어로 표현 한다면?**

예 감사, 피곤, 설렘, 평온…

🔖 **필사 전 지금 내 기분은?**

진정한 소통의 시작

"마음을 열고 진정한 소통을 시도해봅니다.

표면적인 대화를 넘어서 깊은 마음을 나누어봅니다.

내가 먼저 솔직해지면 상대방도 마음을 열 수 있습니다.

완벽해 보이려 하지 않고 **있는 그대로의 모습**을 보여줍니다.

서로의 약함도 받아들이고 서로의 강함도 인정합니다.

진정한 소통에서 진정한 관계가 시작됩니다.

서로를 이해하려는 마음이 모든 문제를 해결해줍니다.

말하지 않아도 전해지는 마음, 들어주는 것만으로도 충분한 사랑,

그런 깊은 소통을 만들어가겠습니다.

소통은 솔직하게 함께할 때 더 의미가 있습니다.

오늘도 진심으로 듣고 진심으로 말하는 하루가 되겠습니다."

🔖 **필사 후 마음이 어떻게 변했나요?**

🔖 오늘 하루를 한 단어로 표현 한다면?

예 감사, 피곤, 설렘, 평온…

내면의 힘 키우기

🔖 **필사 전 지금 내 기분은?**

내 안의 숨겨진 힘

"지금까지 견뎌온 모든 순간들이 내 안의 힘을 증명합니다.
힘들었던 시간들, 포기하고 싶었던 순간들,
그 모든 것을 이겨낸 나는 이미 충분히 강합니다.
내가 생각하는 것보다 나는 훨씬 강인한 사람입니다.
과거의 경험들이 나를 더 단단하게 만들어주었습니다.
앞으로 어떤 일이 닥쳐도 나는 해낼 수 있습니다.
내 안에 있는 그 힘을 믿고 의지해봅니다.
시련이 나를 부러뜨리지 못했다면 그것은 나를 강하게 만든 것입니다.
오늘도 내 안의 무한한 힘을 신뢰하며 살아가겠습니다.
나의 진짜 힘을 느껴보시길 바랍니다."

🔖 **필사 후 마음이 어떻게 변했나요?**

🔖 **오늘 하루를 한 단어로 표현 한다면?**

예 감사, 피곤, 설렘, 평온…

🔖 **필사 전 지금 내 기분은?**
　　　　　　　　　　　　　　화남　불안　보통　편안　행복

30일의 여정을 돌아보며

"30일 동안 나와 함께한 시간들이 소중합니다.

매일 5분씩이라도 나를 돌보려고 노력한 것,

나의 마음을 들여다보고 위로해준 것,

포기하지 않고 여기까지 온 것 자체가 성장입니다.

작은 변화들이 조금씩 쌓여가고 있습니다.

완벽하지 않아도 괜찮습니다. 나는 이미 변하고 있습니다.

지금까지의 나의 노력을 스스로 인정하고 격려해줍니다.

30일이라는 시간이 나에게 새로운 습관을 선물해주었습니다.

앞으로도 이 여정을 계속 이어가겠다는 다짐을 해봅니다.

오늘도 함께해주셔서 감사합니다."

🔖 **필사 후 마음이 어떻게 변했나요?**
　　　　　　　　　　　　　　　　　　화남　불안　보통　편안　행복

오늘 하루를 한 단어로 표현 한다면?

예 감사, 피곤, 설렘, 평온…

🔖 **필사 전 지금 내 기분은?**

실패도 나의 일부

"실패를 두려워하지 않습니다.
실패는 끝이 아니라 새로운 시작의 신호입니다.
넘어져도 다시 일어설 수 있다는 것을 알고 있습니다.
실패에서 배운 교훈들이 나를 더 지혜롭고 현명하게 만들어줍니다.
완벽하게 하려고 했지만 실패한 경험들도 소중합니다.
실패를 통해 나의 한계를 알고 더 나은 방법을 찾을 수 있습니다.
실패하는 나도 사랑받을 자격이 있는 소중한 존재입니다.
실패는 나를 겸손하게 만들고 더 큰 성공으로 이끌어줍니다.
오늘도 실패를 두려워하지 않고 도전해보겠습니다.
때론 성공해서 안주하는 것보다 실패하고 도전하는 삶이 낫습니다."

🔖 **필사 후 마음이 어떻게 변했나요?**

🔖 **오늘 하루를 한 단어로 표현 한다면?**

예 감사, 피곤, 설렘, 평온…

🔖 **필사 전 지금 내 기분은?**

꿈을 꾸는 용기

"나이가 들었다고 꿈을 포기하지 않습니다.
늦었다고 생각할 때가 바로 시작할 때입니다.
사실 늦었다고 생각할 필요도 없습니다. 늦지 않았으니까요.
작은 꿈이라도 좋고 소소한 목표라도 좋습니다.
배우고 싶었던 것, 해보고 싶었던 것들을 떠올려봅니다.
꿈을 꾸는 나의 모습이 누군가에게는 영감이 될 수 있습니다.
나이는 숫자일 뿐, 꿈에는 유효기간이 없습니다.
작은 꿈이라도 좋습니다.
오늘부터 차근차근 시작해봅니다.
꿈을 향해 한 걸음씩 나아가는 나 자신을 응원합니다."

🔖 **필사 후 마음이 어떻게 변했나요?**
화남 불안 보통 편안 행복

🔖 **오늘 하루를 한 단어로 표현 한다면?**

예: 감사, 피곤, 설렘, 평온…

🔖 **필사 전 지금 내 기분은?**
화남 불안 보통 편안 행복

변화를 받아들이는 용기

"변화를 두려워하지 않습니다.

어제의 나와 오늘의 나는 다른 사람입니다.

변화는 성장의 신호이고 새로운 가능성의 시작입니다.

익숙한 것에 머물러 있는 것보다 새로운 도전이 더 가치 있습니다.

작은 변화들이 모여서 큰 변화를 만들어냅니다.

변화하는 과정에서 느끼는 불안함도 자연스러운 것입니다.

변화를 통해 더 나은 나를 만들어갑니다.

변화는 삶의 유일한 상수이며 성장의 동력입니다.

오늘도 변화를 환영하며 새로운 나를 만들어가겠습니다."

🔖 **필사 후 마음이 어떻게 변했나요?**
화남 불안 보통 편안 행복

🔖 **오늘 하루를 한 단어로 표현 한다면?**

예) 감사, 피곤, 설렘, 평온…

▌필사 전 지금 내 기분은?
화남 불안 보통 편안 행복

포기하지 않는 마음

"포기하고 싶을 때가 바로 한 걸음 더 나아갈 때입니다.
힘들어서 그만두고 싶은 마음이 들 때,
아무것도 달라지지 않는 것 같을 때,
그럴 때일수록 조금만 더 버텨봅니다.
가장 어두운 순간이 새벽 직전이듯이,
가장 힘든 순간이 변화의 전환점일 수 있습니다.
포기하기에는 지금까지 온 길이 너무 소중합니다.
끝까지 해보지 않고는 진정한 결과를 알 수 없습니다.
오늘도 포기하지 않는 강인한 마음으로 살아가겠습니다."

▌필사 후 마음이 어떻게 변했나요?
화남 불안 보통 편안 행복

🔖 오늘 하루를 한 단어로 표현 한다면?

예) 감사, 피곤, 설렘, 평온…

▌ **필사 전 지금 내 기분은?**

내면의 소리에 귀 기울이기

"다른 사람의 조언도 중요하지만 내면의 소리가 더 중요합니다.
내 마음이 진정으로 원하는 것이 무엇인지 들어봅니다.
외부의 소음에 휘둘리지 않고 내 안의 목소리를 찾습니다.
직감과 본능을 무시하지 않고 소중히 여깁니다.
내가 나에게 주는 조언이 가장 정확할 때가 많습니다.
조용한 시간을 만들어 나와 대화해봅니다.
내 안의 지혜를 믿고 따라가 봅니다.
내면의 나침반이 나를 올바른 방향으로 이끌어줄 것입니다.
오늘도 내 마음의 소리에 귀 기울이며 살아가겠습니다."

▌ **필사 후 마음이 어떻게 변했나요?**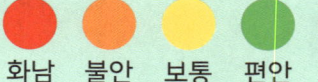

🔖 오늘 하루를 한 단어로 표현 한다면?

예 감사, 피곤, 설렘, 평온…

감정과 친구되기

▎필사 전 지금 내 기분은?

슬픔을 품어주기

"슬픔도 나의 소중한 감정 중 하나입니다.
슬픔을 외면하거나 억누르지 않고 있는 그대로 느껴봅니다.
슬픔이 있기에 기쁨도 더욱 소중하게 느껴집니다.
눈물이 나고 싶을 때는 참지 말고 울어도 됩니다.
슬픔 뒤에는 새로운 힘과 지혜가 찾아옵니다.
슬픔도 나를 성장시켜주는 소중한 선생님입니다.
슬픔과 함께하는 법을 배우면 마음이 더 깊어집니다.
슬픔을 통과해야만 도달할 수 있는 성숙함이 있습니다.
오늘도 슬픔마저 사랑으로 감싸 안아보겠습니다."

▎필사 후 마음이 어떻게 변했나요?

🔖 **오늘 하루를 한 단어로 표현 한다면?**

예 감사, 피곤, 설렘, 평온…

▌필사 전 지금 내 기분은?

화를 건강하게 표현하기

"화는 나쁜 감정이 아닙니다.

화는 소중한 것을 지키고자 하는 본능적인 감정입니다.

화가 날 때는 그 감정 뒤에 숨은 메시지를 찾아봅니다.

화를 억누르지도 말고 무작정 분출하지도 않습니다.

건전한 방법으로 화를 표현하는 법을 배웁니다.

운동을 하거나, 글을 쓰거나, 책을 읽거나

깊게 숨을 쉬어봅니다.

화도 나의 일부이며 잘 다루면 큰 힘이 됩니다.

오늘도 화를 지혜롭게 다루는 성숙한 사람이 되겠습니다.

다시 한번 화는 나쁜 감정이 아닙니다."

▌필사 후 마음이 어떻게 변했나요?

🔖 **오늘 하루를 한 단어로 표현 한다면?**

예 감사, 피곤, 설렘, 평온…

📑 **필사 전 지금 내 기분은?**

기쁨을 마음껏 누리기

"기쁨을 느끼는 것을 미안해하지 않습니다.
작은 일에도 기뻐하고 행복해할 자격이 있습니다.
'이렇게 기뻐해도 되나?' 하는 마음을 버립니다.
기쁨은 내가 마땅히 누려야 할 소중한 감정입니다.
기쁨을 억누르지 말고 마음껏 표현해봅니다.
내가 행복할 때 주변 사람들도 함께 행복해집니다.
기쁨을 나누면 배가 되고 함께 나누면 더욱 커집니다.
기쁨은 삶의 가장 아름다운 선물 중 하나입니다.
오늘도 기쁨을 마음껏 누리며 행복한 하루를 만들어가겠습니다.
최근 기뻤던 순간은 언제이신가요?"

📑 **필사 후 마음이 어떻게 변했나요?**

🔖 **오늘 하루를 한 단어로 표현 한다면?**

예 감사, 피곤, 설렘, 평온…

🔖 **필사 전 지금 내 기분은?**

불안과 마주하기

"불안할 때는 현재 이 순간에 집중해봅니다.
불안은 대부분 아직 일어나지 않은 일에 대한 걱정입니다.
미래의 걱정에서 벗어나 지금 여기로 돌아옵니다.
깊게 숨을 쉬며 현재 내가 안전하다는 것을 확인합니다.
불안한 마음을 달래주고 위로해줍니다.
불안도 나를 보호하려는 마음에서 나오는 감정입니다.
불안과 친구가 되면 더 평온한 마음을 찾을 수 있습니다.
불안을 억지로 통제하려 하지 말고 함께하는 법을 익힙니다.
오늘도 불안과 평화롭게 공존하며 살아가겠습니다."

🔖 **필사 후 마음이 어떻게 변했나요?**

🔖 **오늘 하루를 한 단어로 표현 한다면?**

예 감사, 피곤, 설렘, 평온…

🔖 **필사 전 지금 내 기분은?**
화남 불안 보통 편안 행복

정의 메시지 듣기

"모든 감정에는 중요한 메시지가 담겨있습니다.
기쁨은 '이 순간을 소중히 여겨라'는 신호이고,
슬픔은 '무언가 소중한 것을 잃었다'는 알림입니다.
화는 '경계를 지켜라'는 경고이고,
불안은 '준비하고 신중하게 조심하라'는 조언입니다.
나의 감정들을 무시하지 말고 그 메시지에 귀 기울여봅니다.
감정과 대화하면 나를 더 깊이 이해할 수 있습니다.
감정은 내 마음의 언어이자 지혜의 목소리입니다.
오늘도 감정이 주는 메시지를 소중히 받아들이겠습니다."

🔖 **필사 후 마음이 어떻게 변했나요?**
화남 불안 보통 편안 행복

🔖 **오늘 하루를 한 단어로 표현 한다면?**

예 감사, 피곤, 설렘, 평온…

▎필사 전 지금 내 기분은?

감정의 파도 타기

"감정은 파도처럼 밀려왔다가 빠져나갑니다.

강한 감정이 밀려와도 영원히 지속되지 않습니다.

감정의 파도에 휩쓸리지 말고 관찰자가 되어봅니다.

'지금 나는 화가 나고 있구나.', '지금 나는 슬프구나.' 하고 인정합니다.

감정을 억누르거나 피하지 말고 그대로 느껴봅니다.

언제까지 피할 수만은 없습니다.

시간이 지나면 감정의 파도는 자연스럽게 잔잔해집니다.

감정의 파도를 타는 법을 배우면 마음이 더 자유로워집니다.

파도를 거스르지 말고 함께 흘러가는 지혜를 배웁니다.

오늘도 감정의 파도와 함께 덩실덩실 춤추며 살아가겠습니다."

▎필사 후 마음이 어떻게 변했나요?

🔖 **오늘 하루를 한 단어로 표현 한다면?**

예 감사, 피곤, 설렘, 평온…

🔖 **필사 전 지금 내 기분은?**

감정과 행동 분리하기

"감정을 느끼는 것과 행동하는 것은 다릅니다.
화가 난다고 해서 반드시 화를 내야 하는 것은 아닙니다.
슬프다고 해서 계속 우울해 있을 필요도 없습니다.
감정은 느끼되 행동은 현명하게 선택할 수 있습니다.
감정에 휘둘리지 말고 감정을 활용하는 법을 배웁니다.
감정과 행동 사이에는 선택의 여지가 있습니다.
현명한 선택을 통해 내 감정의 주인이 되어봅니다.
감정은 정보일 뿐, 행동의 명령은 아닙니다.
오늘도 감정과 행동을 분리하여 지혜롭게 반응하겠습니다."

🔖 **필사 후 마음이 어떻게 변했나요?**

오늘 하루를 한 단어로 표현 한다면?

예: 감사, 피곤, 설렘, 평온…

일상의 마법 찾기

🔖 **필사 전 지금 내 기분은?**

평범한 순간의 특별함

"평범한 하루에도 특별한 순간들이 숨어있습니다.
아침에 마시는 첫 커피의 향, 창밖으로 들어오는 눈부신 햇살,
가족의 웃음소리, 좋아하는 음악이 흘러나올 때의 전율,
이런 작은 순간들이 나의 하루를 온통 빛나게 합니다.
특별한 일이 없어도 평범한 일상 자체가 기적입니다.
숨 쉬고, 걷고, 달리고,
사랑하는 것, 모든 것이 경이로움입니다.
평범함 속에서 아름다움을 발견하는 눈을 기릅니다.
세상에 똑같은 하루는 없고, 똑같은 순간도 없습니다.
오늘 하루도 소중한 순간들로 가득 채워져 있습니다.
소중한 순간들을 얼마나 발견하셨나요?"

🔖 **필사 후 마음이 어떻게 변했나요?**

🔖 **오늘 하루를 한 단어로 표현 한다면?**

예. 감사, 피곤, 설렘, 평온…

🔖 필사 전 지금 내 기분은?

감사의 마법

"오늘 하루 감사할 일들을 차근차근 찾아봅니다.
건강한 몸, 따뜻한 집, 사랑하는 사람들의 존재,
맛있는 음식, 편안한 잠자리, 자유로운 마음,
나를 위한 5분, 당연하게 여겼던 모든 것들이 사실은 선물입니다.
감사의 마음을 가지면 모든 것이 달라 보입니다.
같은 현실임에도 완전히 다른 세상이 펼쳐집니다.
불만과 아쉬움보다는 감사와 만족을 선택합니다.
감사하는 마음이 더 많은 행복을 끌어들입니다.
감사는 마법 같은 힘으로 일상을 변화시킵니다."

🔖 필사 후 마음이 어떻게 변했나요?

🔖 **오늘 하루를 한 단어로 표현 한다면?**

예 감사, 피곤, 설렘, 평온…

🔖 **필사 전 지금 내 기분은?**
화남 불안 보통 편안 행복

손으로 하는 일의 의미

"손으로 하는 모든 일에 사랑을 가득 담아봅니다.
설거지를 할 때도, 청소를 할 때도, 요리를 할 때도,
단순한 집안일이 아니라 가족을 위한 사랑의 표현입니다.
반복되는 일상의 일들도 마음가짐에 따라 완전히 달라집니다.
손끝에서 시작되는 작은 정성이 집을 따뜻하게 만듭니다.
기계적으로 하지 말고 온 마음을 담아서 해봅니다.
내 손길이 닿는 모든 것에 온기를 전해봅니다.
평범한 일상의 일들도 사랑이 담기면 특별해집니다.
오늘도 사랑하는 마음으로 손을 움직여봅니다."

🔖 **필사 후 마음이 어떻게 변했나요?**
화남 불안 보통 편안 행복

오늘 하루를 한 단어로 표현 한다면?

예) 감사, 피곤, 설렘, 평온…

🔖 **필사 전 지금 내 기분은?**
화남 불안 보통 편안 행복

계절의 변화를 느끼기

"계절의 변화를 온몸과 온 마음으로 느껴봅니다.
봄의 새싹, 여름의 뜨거운 햇살, 가을의 낙엽, 겨울의 고요함,
자연의 리듬에 맞춰 나도 함께 변화해갑니다.
계절마다 다른 아름다움과 의미를 발견합니다.
자연이 주는 선물들을 놓치지 않고 받아들입니다.
바람의 온도, 하늘의 색깔, 공기의 향기까지 모두 느껴봅니다.
계절의 변화는 삶의 변화를 받아들이는 법을 가르쳐줍니다.
자연과 함께 호흡하며 살아가는 것의 소중함을 느낍니다.
나도 계절처럼 아름답게 변화하고 조금씩 성장해갑니다."

🔖 **필사 후 마음이 어떻게 변했나요?**
화남 불안 보통 편안 행복

🔖 오늘 하루를 한 단어로 표현 한다면?

예 감사, 피곤, 설렘, 평온…

🔖 **필사 전 지금 내 기분은?**
화남 불안 보통 편안 행복

작은 정리의 힘

"주변을 조금씩 정리하며 마음도 함께 정리합니다.
어수선한 공간을 정돈하면 마음도 차분해집니다.
필요 없는 물건들을 정리하면 마음의 짐도 가벼워집니다.
작은 정리부터 시작해서 큰 변화를 만들어갑니다.
깔끔한 공간에서 더 평온한 마음을 찾을 수 있습니다.
물건을 정리하는 것은 생각을 정리하는 것과 같습니다.
정돈된 환경이 정돈된 마음을 만들어줍니다.
하나씩 제자리에 두는 것만으로도 마음이 안정됩니다.
작은 정리의 힘이 큰 변화의 시작이 됩니다."

🔖 **필사 후 마음이 어떻게 변했나요?**
화남 불안 보통 편안 행복

🔖 오늘 하루를 한 단어로 표현 한다면?

예 감사, 피곤, 설렘, 평온…

🔖 **필사 전 지금 내 기분은?**
화남 불안 보통 편안 행복

음식에 담긴 사랑

"음식을 만들고 먹는 모든 순간에 깊이 감사합니다.
재료를 고르고, 씻고, 손질하고, 조리하는 과정,
모든 과정에 사랑과 정성을 가득 담아봅니다.
음식은 단순한 영양소가 아니라 사랑의 표현입니다.
가족과 함께 나누는 식사 시간을 소중히 여깁니다.
맛있게 먹는 것도 음식을 만든 사람에 대한 감사의 표현입니다.
음식을 통해 사랑을 주고받는 소중함을 느낍니다.
따뜻한 밥 한 그릇에 담긴 깊은 마음을 읽어봅니다.
오늘도 사랑이 담긴 음식으로 하루를 채워봅니다."

🔖 **필사 후 마음이 어떻게 변했나요?**
화남 불안 보통 편안 행복

🔖 **오늘 하루를 한 단어로 표현 한다면?**

예 감사, 피곤, 설렘, 평온…

🔖 **필사 전 지금 내 기분은?**

하루를 마무리하는 의식

"하루를 마무리하며 오늘 하루를 차분히 돌아봅니다.
잘한 일들을 스스로 인정하고 따뜻하게 격려해줍니다.
아쉬웠던 일들은 내일의 소중한 교훈으로 삼습니다.
감사했던 순간들을 마음 깊이 새겨둡니다.
오늘 하루도 최선을 다해 살아낸 나를 칭찬합니다.
편안한 마음으로 하루를 보내고 내일을 맞이합니다.
매일 저녁 나와의 대화 시간을 갖는 것이 소중합니다.
하루의 끝에서 느끼는 평온함이 내일의 희망이 됩니다.
오늘도 고생한 나에게 따뜻한 위로를 건넵니다."

🔖 **필사 후 마음이 어떻게 변했나요?**

화남 불안 보통 편안 행복

🔖 **오늘 하루를 한 단어로 표현 한다면?**

예 감사, 피곤, 설렘, 평온…

희망의 씨앗 심기

🔖 필사 전 지금 내 기분은?

50일의 여정을 축하하며

"50일 동안 나와 함께 걸어온 길을 자랑스럽게 생각합니다.
절반이라는 중요한 지점에 도달한 나를 진심으로 축하합니다.
포기하지 않고 여기까지 온 나의 의지력이 정말 대단합니다.
중간에 하루 이틀 빠뜨렸어도 괜찮습니다. 해나가는 것이 중요합니다.
작은 변화들이 쌓여서 새로운 나를 서서히 만들어가고 있습니다.
지금까지의 경험들이 앞으로의 여정에 큰 힘이 될 것입니다.
나는 내가 생각하는 것보다 훨씬 끈기 있는 사람입니다.
50일의 성취가 나에게 무한한 자신감을 주고 있습니다.
남은 50일도 나와 함께 즐겁게 걸어가겠습니다.
이 순간의 뿌듯함을 가슴 깊이 새겨둡니다."

🔖 필사 후 마음이 어떻게 변했나요?

🔖 **오늘 하루를 한 단어로 표현 한다면?**

예 감사, 피곤, 설렘, 평온…

▌필사 전 지금 내 기분은?

내일은 새로운 하루

"내일은 오늘보다 더 밝고 아름다운 하루가 될 것입니다.
어제의 실수나 아쉬움에 얽매이지 않습니다.
매일매일은 새로운 시작이고 새로운 기회입니다.
작은 선택들이 모여서 더 나은 내일을 만들어갑니다.
희망을 품고 내일을 기다리는 마음이 설렙니다.
오늘의 경험이 내일의 지혜가 되어줄 것입니다.
밝은 미래를 그려보며 오늘을 살아갑니다.
새로운 하루가 주는 무한한 가능성을 믿습니다.
내일의 나는 오늘의 나보다 더 성숙하고 지혜로울 것입니다.
나는 나를 믿습니다."

▌필사 후 마음이 어떻게 변했나요?

오늘 하루를 한 단어로 표현 한다면?

예 감사, 피곤, 설렘, 평온…

🔖 **필사 전 지금 내 기분은?**
화남 불안 보통 편안 행복

작은 변화가 만드는 기적

"작은 변화들이 모여서 놀라운 기적을 만들어냅니다.
5분의 필사, 한 번의 깊은 숨, 따뜻한 미소,
이 모든 것들이 나를 조금씩 바꿔가고 있습니다.
나의 변화가 슬슬 느껴지시나요?
눈에 보이지 않아도 분명히 변화는 일어나고 있습니다.
급하게 모든 것을 바꾸려 하지 않고 차근차근 갑니다.
작은 습관들이 쌓여서 새로운 나를 만들어갑니다.
변화는 하루아침에 오지 않지만 매일 조금씩 찾아옵니다.
티끌 모아 태산처럼, 작은 변화들이 거대한 산을 만듭니다.
오늘의 작은 노력이 내일의 큰 기적이 될 것입니다."

🔖 **필사 후 마음이 어떻게 변했나요?**
화남 불안 보통 편안 행복

🔖 오늘 하루를 한 단어로 표현 한다면?

예 감사, 피곤, 설렘, 평온…

▼ 필사 전 지금 내 기분은?
화남 불안 보통 편안 행복

나의 노력을 믿기

"지금까지의 나의 노력이 헛되지 않을 것을 확신합니다.
보이지 않는 곳에서도 나는 계속 성장하고 있습니다.
결과가 바로 나타나지 않아도 절대 포기하지 않습니다.
작은 씨앗이 땅속에서 거대한 뿌리를 내리듯
나도 조용히 자라고 있습니다.
노력하는 나 자체가 이미 충분히 가치 있고 아름답습니다.
과정을 즐기고 결과에 대한 기대를 내려놓습니다.
나의 노력과 진심은 반드시 아름다운 열매를 맺을 것입니다.
보이지 않는 성장이 가장 깊고 진실한 성장입니다.
오늘도 묵묵히 노력하는 나 자신을 믿어봅니다.
뿌리는 보이지 않습니다."

▼ 필사 후 마음이 어떻게 변했나요?
화남 불안 보통 편안 행복

♥ 오늘 하루를 한 단어로 표현 한다면?

예 감사, 피곤, 설렘, 평온…

▎필사 전 지금 내 기분은?
화남 불안 보통 편안 행복

희망을 선택하기

"희망은 주어지는 것이 아니라 스스로 선택하는 것입니다.
어려운 상황에서도 희망을 잃지 않기로 결심합니다.
절망과 희망 사이에서 과감히 희망을 선택합니다.
미래에 대한 밝고 아름다운 상상을 해봅니다.
좋은 일들이 반드시 일어날 것이라고 믿어봅니다.
희망을 품는 것 자체가 현실을 바꾸는 강력한 힘이 됩니다.
오늘도 희망을 선택하며 하루를 시작합니다.
희망은 내 마음에서 피어나는 가장 아름다운 꽃입니다.
어둠 속에서도 희망의 등불을 밝혀 나아갑니다.
내일도 아름답길 희망합니다."

▎필사 후 마음이 어떻게 변했나요?
화남 불안 보통 편안 행복

🔖 오늘 하루를 한 단어로 표현 한다면?

예 감사, 피곤, 설렘, 평온…

▎필사 전 지금 내 기분은?

어둠 뒤에 오는 빛

"가장 어두운 순간 뒤에 가장 밝고 따뜻한 빛이 찾아옵니다.
힘든 시간들도 나를 더 강하게 만들어주는 소중한 과정입니다.
터널의 끝에는 반드시 밝은 출구가 있다는 것을 믿습니다.
어려움은 영원하지 않고 반드시 지나간다는 것을 압니다.
지금의 힘든 상황도 나를 성장시키는 기회입니다.
어둠을 경험했기에 빛의 소중함을 더 깊이 알 수 있습니다.
밤이 깊을수록 새벽은 더 가까이 와 있습니다.
어둠을 두려워하지 말고 곧 다가올 빛을 기다립니다.
지금의 어둠이 내일의 빛을 더욱 눈부시게 만들 것입니다."

▎필사 후 마음이 어떻게 변했나요?

🔖 오늘 하루를 한 단어로 표현 한다면?

예 감사, 피곤, 설렘, 평온…

56일

■ 필사 전 지금 내 기분은?

나라는 존재가 주는 희망

"나의 존재 자체가 누군가에게는 소중한 희망입니다.
내가 포기하지 않고 살아가는 모습이 다른 사람에게 용기를 줍니다.
내가 웃을 때 세상이 조금 더 밝고 따뜻해집니다.
내가 사랑할 때 세상에 사랑이 하나 더 늘어납니다.
작은 나의 존재가 생각보다 큰 의미를 가지고 있습니다.
나 하나만으로도 세상은 충분히 아름다워집니다.
오늘도 희망이 되는 존재로 살아가겠습니다.
내가 살아있다는 것 자체가 누군가에게는 기적입니다.
나의 숨결 하나하나가 세상에 희망을 더하고 있습니다.
나는 존재만으로도 가치가 있는 사람입니다."

■ 필사 후 마음이 어떻게 변했나요?

🔖 **오늘 하루를 한 단어로 표현 한다면?**

예) 감사, 피곤, 설렘, 평온…

사랑을 전하기

🔖 **필사 전 지금 내 기분은?**
화남 불안 보통 편안 행복

진심에서 나오는 사랑

"사랑은 완벽함에서 나오는 것이 아니라 진심에서 나옵니다.
완벽하지 않은 나지만 진정한 마음으로 사랑합니다.
조건 없는 사랑, 기대 없는 사랑을 연습해봅니다.
사랑받기 위해 무언가를 해야 한다고 생각하지 않습니다.
받고자 하는 사랑은 깨지게 되어 있습니다.
있는 그대로의 모습으로도 충분히 사랑할 수 있습니다.
진심이 담긴 작은 표현이 거창한 말보다 더 소중합니다.
오늘도 진심을 담아 사랑을 표현해봅니다.
진심은 가장 아름다운 언어이고 가장 깊은 울림입니다.
나의 진심이 세상을 조금 더 따뜻하게 만들 것입니다."

🔖 **필사 후 마음이 어떻게 변했나요?**
화남 불안 보통 편안 행복

🔖 **오늘 하루를 한 단어로 표현 한다면?**

예 감사, 피곤, 설렘, 평온…

▶ 필사 전 지금 내 기분은?

따뜻한 손길의 힘

"나의 따뜻한 손길이 누군가에게는 최고의 선물입니다.
어깨를 토닥여주는 손, 등을 쓰다듬어주는 손,
손을 잡아주는 따뜻함, 머리를 쓰다듬어주는 부드러움,
말보다 더 큰 위로가 되는 따뜻한 손길입니다.
스킨십을 통해 전해지는 사랑은 특별하고 깊습니다.
하루에 한 번은 가족에게 따뜻한 손길을 전해봅니다.
작은 터치가 큰 사랑을 전할 수 있습니다.
손길에 담긴 온기가 마음까지 따뜻하게 만듭니다.
오늘도 사랑의 온도를 손끝으로 전해봅니다.
그리고 사랑한다고 속삭여줍니다."

▶ 필사 후 마음이 어떻게 변했나요?

🔖 오늘 하루를 한 단어로 표현 한다면?

예 감사, 피곤, 설렘, 평온…

🔖 **필사 전 지금 내 기분은?**
　　　　　　　　　　　　　　 화남　불안　보통　편안　행복

말하지 않아도 전해지는 사랑

"말하지 않아도 전해지는 사랑이 가장 깊고 진실한 사랑입니다.
함께 있는 것만으로도 위로가 되는 관계,
아무 말 없이도 서로를 이해하는 마음,
눈빛만으로도 전해지는 따뜻한 마음,
이런 사랑이 가장 소중하고 진실합니다.
표현하지 않아도 느껴지는 사랑을 만들어갑니다.
존재 자체로 사랑을 전하는 사람이 되어봅니다.
조용한 사랑이 때로는 가장 큰 울림을 만듭니다.
말없는 이해와 공감이 주는 깊은 위로를 나눕니다.
울림 있는 사랑 생각만 해도 가슴이 뜨거워집니다."

🔖 **필사 후 마음이 어떻게 변했나요?**
　　　　　　　　　　　　　　　　　　 화남　불안　보통　편안　행복

🔖 오늘 하루를 한 단어로 표현 한다면?

예 감사, 피곤, 설렘, 평온…

🔖 **필사 전 지금 내 기분은?**
　　　　　　　　　　　　　　화남　불안　보통　편안　행복

사랑받기 위해 완벽할 필요는 없다

"사랑받기 위해 완벽할 필요는 전혀 없습니다.

부족한 모습도, 실수하는 모습도 모두 나의 소중한 일부입니다.

조건부 사랑이 아닌 무조건적 사랑을 주고받습니다.

성과나 성취로 사랑을 얻으려 하지 않습니다.

있는 그대로의 나를 사랑해주는 사람들을 소중히 여깁니다.

나도 다른 사람의 있는 그대로를 사랑해봅니다.

진정한 사랑은 조건이 없는 순수한 사랑입니다.

조건을 따지는 계산된 사랑은 원치 않습니다.

사랑하는 이의 불완전함까지도 사랑스럽게 받아들여줍니다.

완벽하지 않기에 더욱 인간적이고 아름답습니다."

🔖 **필사 후 마음이 어떻게 변했나요?**
　　　　　　　　　　　　　　　　　　화남　불안　보통　편안　행복

오늘 하루를 한 단어로 표현 한다면?

예) 감사, 피곤, 설렘, 평온…

🔖 **필사 전 지금 내 기분은?**
　　　　　　　　　　　　　　화남　불안　보통　편안　행복

사랑의 교과서가 되는 나

"내가 보여주는 사랑이 주변 사람들의 첫 번째 사랑 교과서입니다.
특히 아이들은 나를 보며 사랑하는 법을 배웁니다.
화를 낼 때도 사랑으로, 기뻐할 때도 사랑으로,
모든 감정에 사랑을 가득 담아 표현해봅니다.
내가 나를 사랑하는 모습이 다른 사람들에게 모델이 됩니다.
건강한 사랑의 모습을 보여주는 것이 최고의 교육입니다.
오늘도 사랑의 교과서가 되는 하루를 살아봅니다.
나의 사랑하는 방식이 세상에 퍼져나가길 바랍니다.
사랑을 가르치는 가장 좋은 방법은 사랑으로 사는 것입니다.
사랑의 힘은 위대합니다."

🔖 **필사 후 마음이 어떻게 변했나요?**
　　　　　　　　　　　　　　　　　　화남　불안　보통　편안　행복

🔖 **오늘 하루를 한 단어로 표현 한다면?**

예) 감사, 피곤, 설렘, 평온…

62일

▶ 필사 전 지금 내 기분은?
　　　　　　　　　　　　화남　불안　보통　편안　행복

사랑은 주는 만큼 더 커진다

"사랑은 나누면 나눌수록 더 커지는 신기한 에너지입니다.
사랑을 아껴두지 말고 아낌없이 나누어봅니다.
받은 만큼만 주려 하지 말고 먼저 베풀어봅니다.
사랑을 주면 줄어드는 것이 아니라 오히려 더 많아집니다.
내가 사랑할 때 나도 더 많은 사랑을 받게 됩니다.
사랑의 선순환을 만들어가는 사람이 되어봅니다.
오늘도 사랑을 아낌없이 나누며 살아갑니다.
사랑은 나누면 나눌수록 풍요로워지는 마법입니다.
세상에 사랑을 퍼뜨리는 작은 씨앗이 되어봅니다.
사랑하는 마음도 복리의 마법처럼 쌓이고 또 쌓입니다."

▶ 필사 후 마음이 어떻게 변했나요?
　　　　　　　　　　　　　　　　화남　불안　보통　편안　행복

🔖 오늘 하루를 한 단어로 표현 한다면?

예 감사, 피곤, 설렘, 평온…

♥ 필사 전 지금 내 기분은?
화남 불안 보통 편안 행복

사랑한다고 말하기

"오늘 가족에게 '사랑한다.'는 말을 용기 내어 해봅니다.

당연하다고 생각해서 표현하지 않았던 마음을 전해봅니다.

말로 표현하는 것이 어색하더라도 용기를 내어봅니다.

사랑한다는 말은 듣는 사람도 말하는 사람도 행복하게 합니다.

하루에 한 번은 사랑한다는 표현을 해봅니다.

부끄럽다고 피하다가는 평생 어려워집니다.

말로 하는 것이 어렵다면 작은 행동으로라도 표현해봅니다.

사랑은 표현할 때 더욱 커지고 깊어집니다.

사랑한다는 말 한마디가 주는 마법 같은 힘을 믿습니다.

오늘도 사랑을 말과 행동으로 표현하며 살아봅니다."

♥ 필사 후 마음이 어떻게 변했나요?
화남 불안 보통 편안 행복

🔖 **오늘 하루를 한 단어로 표현 한다면?**

예 감사, 피곤, 설렘, 평온…

새로운 나와 만나기

64일

■ 필사 전 지금 내 기분은?
화남 불안 보통 편안 행복

변화를 두려워하지 않기

"변화를 두려워하지 않습니다.
변화는 성장의 신호이고 새로운 가능성의 시작입니다.
어제의 나와 오늘의 나는 분명히 다른 사람입니다.
64일 동안의 필사가 조금씩 나를 아름답게 바꿔가고 있습니다.
새로운 생각, 새로운 습관, 새로운 관점을 환영합니다.
변화하는 나 자신을 흥미롭게 관찰해봅니다.
변화는 두려움이 아니라 축복이고 선물입니다.
매 순간 변화하고 성장하는 것이 살아있다는 증거입니다.
오늘도 새로운 변화를 기대하며 하루를 시작합니다.
하루하루가 새롭고 기대됩니다."

■ 필사 후 마음이 어떻게 변했나요?
화남 불안 보통 편안 행복

🔖 오늘 하루를 한 단어로 표현 한다면?

예) 감사, 피곤, 설렘, 평온…

필사 전 지금 내 기분은?
화남 불안 보통 편안 행복

어제와 다른 오늘의 나

"어제의 나와 오늘의 나는 완전히 다른 사람입니다.
매일매일 새로운 경험과 깨달음으로 성장하고 있습니다.
같은 상황에도 다르게 반응하는 나를 발견합니다.
더 지혜로워진 나, 더 성숙해진 나를 만나봅니다.
과거의 나에게 얽매이지 말고 **현재의 나를 받아들입니다.**
계속 변화하고 성장하는 것이 살아있다는 증거입니다.
오늘의 나를 있는 그대로 사랑해봅니다.
매일 새로워지는 나의 모습이 신기하고 아름답습니다.
진화하는 내 자신과의 만남이 매일 설레고 기대됩니다."

필사 후 마음이 어떻게 변했나요?
화남 불안 보통 편안 행복

오늘 하루를 한 단어로 표현 한다면?

예) 감사, 피곤, 설렘, 평온…

📑 **필사 전 지금 내 기분은?**
화남 불안 보통 편안 행복

새로운 도전의 설렘

"새로운 도전은 새로운 가능성의 문을 열어줍니다.
두려움보다는 설렘과 기대감을 선택해봅니다.
해보지 않았던 일들에 도전해보는 용기를 냅니다.
실패할 수도 있지만 시도하지 않으면 성공도 없습니다.
새로운 도전을 통해 숨겨진 나의 능력을 발견해봅니다.
안전지대를 벗어나는 것이 성장의 시작입니다.
오늘도 작은 도전 하나를 해봅니다.
시작조차 해보지 않은 것과 시도했으나 성공하지 못한 것의 경험 차이는 엄청납니다.
도전하는 마음 자체가 이미 성공의 첫걸음입니다.
새로운 도전이 주는 짜릿함과 성장의 기쁨을 만끽합니다."

📑 **필사 후 마음이 어떻게 변했나요?**
화남 불안 보통 편안 행복

🔖 **오늘 하루를 한 단어로 표현 한다면?**

예 감사, 피곤, 설렘, 평온…

▌ 필사 전 지금 내 기분은?
화남 불안 보통 편안 행복

나이는 숫자일 뿐

"나이는 숫자일 뿐, 진짜 나이는 마음의 나이입니다.
몇 살이든 새로운 것을 배우고 경험할 수 있습니다.
젊은 마음을 잃지 않고 호기심을 유지합니다.
나이를 핑계로 포기하거나 제한하지 않습니다.
경험이 쌓일수록 더 지혜로워지고 더 자유로워집니다.
나이가 들수록 더 당당하고 더 자신감 있게 살아갑니다.
오늘도 젊은 마음으로 세상을 바라봅니다.
나이는 제한이 아니라 경험과 지혜의 축적입니다.
몇 살이든 꿈꾸고 도전할 수 있는 아름다운 나이입니다.
내일이 기다려지는 이유입니다."

▌ 필사 후 마음이 어떻게 변했나요?
화남 불안 보통 편안 행복

오늘 하루를 한 단어로 표현 한다면?

예 감사, 피곤, 설렘, 평온…

🔖 필사 전 지금 내 기분은?
화남 불안 보통 편안 행복

배움에는 끝이 없다

"배움에는 나이가 없고 끝이 없습니다.
매일 새로운 것을 배우고 성장하는 나를 발견합니다.
책에서, 경험에서, 사람들에게서 배울 것들이 무궁무진합니다.
모르는 것을 부끄러워하지 말고 배우는 기쁨을 느껴봅니다.
모르면서 배우려하지 않고 아는 척하는 태도가 진짜 부끄러움입니다.
호기심을 잃지 않고 세상을 바라봅니다.
평생학습자로서의 자세를 유지합니다.
오늘도 무언가 새로운 것을 배워봅니다.
배우는 즐거움이 삶을 더욱 풍요롭게 만들어줍니다.
끝없는 배움 속에서 끝없는 성장의 기쁨을 느낍니다."

🔖 필사 후 마음이 어떻게 변했나요?
화남 불안 보통 편안 행복

🔖 **오늘 하루를 한 단어로 표현 한다면?**

예) 감사, 피곤, 설렘, 평온…

🔖 **필사 전 지금 내 기분은?**
화남 불안 보통 편안 행복

내 안의 무한한 가능성

"내 안에 숨어있는 무한한 가능성을 믿어봅니다.

아직 발견하지 못한 나의 재능과 능력이 있을 것입니다.

한계라고 생각했던 것들이 실제로는 한계가 아닐 수 있습니다.

새로운 시도를 통해 새로운 나를 발견해봅니다.

가능성은 무한하고 나는 계속 성장할 수 있습니다.

나 자신을 과소평가하지 말고 가능성을 믿어봅니다.

오늘도 새로운 가능성을 탐험해봅니다.

내 안에 잠든 거대한 잠재력을 깨워봅니다.

무한한 우주처럼 내 안의 가능성도 끝이 없습니다.

함부로 나의 가능성을 재고 자르지 않습니다.

지금까지 해왔던 대로 나아가면 됩니다."

🔖 **필사 후 마음이 어떻게 변했나요?**
화남 불안 보통 편안 행복

오늘 하루를 한 단어로 표현 한다면?

예 감사, 피곤, 설렘, 평온…

🔖 필사 전 지금 내 기분은?

화남 　불안 　보통 　편안 　행복

70일의 변화를 인정하기

"70일 동안의 여정이 분명히 나를 아름답게 변화시켰습니다.
작은 변화들이 모여서 새로운 나를 서서히 만들어가고 있습니다.
처음 시작할 때와 지금을 비교해보면 많은 것이 달라졌습니다.
나 자신을 대하는 방식, 감정을 다루는 방법,
일상을 바라보는 시각이 완전히 달라졌습니다.
70일 동안 포기하지 않은 나를 자랑스럽게 생각합니다.
변화한 나를 인정하고 진심으로 축하해봅니다.
70일의 성장이 앞으로의 삶에 큰 자신감을 줍니다.
변화를 받아들이고 성장을 기뻐하는 마음을 가집니다.
남은 30일도 나를 사랑하며 긍정적으로 성장합니다."

🔖 필사 후 마음이 어떻게 변했나요?

화남 　불안 　보통 　편안 　행복

🚩 **오늘 하루를 한 단어로 표현 한다면?**

예 감사, 피곤, 설렘, 평온…

지혜 쌓기

🔖 **필사 전 지금 내 기분은?**

경험이라는 최고의 선생님

"경험은 인생의 가장 훌륭하고 진실한 선생님입니다.

책에서 배우는 지식보다 경험에서 얻는 지혜가 더 깊고 진실합니다.

물론 독서를 통해 얻는 지식도 중요합니다.

하지만 기쁜 경험, 슬픈 경험, 힘든 경험 모두가 나의 성장 원동력입니다.

같은 실수를 반복하지 않도록 경험에서 배웁니다.

다양한 경험들이 나를 더 풍부하고 깊이 있는 사람으로 만들어줍니다.

경험을 두려워하지 말고 적극적으로 받아들입니다.

오늘의 경험도 내일의 소중한 지혜가 될 것입니다.

경험 앞에서 겸손한 학생, 순수한 어린 아이의 마음으로 배워갑니다.

모든 경험이 나를 더 지혜롭게 만들어주는 선물입니다."

🔖 **필사 후 마음이 어떻게 변했나요?**

🔖 **오늘 하루를 한 단어로 표현 한다면?**

예 감사, 피곤, 설렘, 평온…

🔖 **필사 전 지금 내 기분은?**
　　　　　　　　　　　　　　화남　불안　보통　편안　행복

실수에서 얻는 소중한 교훈

"실수에서 배운 교훈이 가장 소중하고 깊은 지혜입니다.
완벽하게 성공한 일보다 실수했던 일에서 더 많이 배웁니다.
실수는 성장의 기회이고 배움의 소중한 순간입니다.
같은 실수를 반복하지 않으려는 노력이 발전을 만듭니다.
실수를 부끄러워하지 말고 배움의 기회로 여깁니다.
실수한 나를 용서하고 그 경험을 지혜로 바꿉니다.
오늘의 실수도 결국 내일의 성장으로 이어질 것입니다.
실수를 통해 더 겸손하고 지혜로운 사람이 됩니다.
완벽함보다는 성장하는 과정을 소중히 여깁니다.
수없이 많은 실수와 성장으로 조금이나마 완벽에 가까워집니다."

🔖 **필사 후 마음이 어떻게 변했나요?**
　　　　　　　　　　　　　　　　　　화남　불안　보통　편안　행복

🔖 **오늘 하루를 한 단어로 표현 한다면?**

예 감사, 피곤, 설렘, 평온…

73일

▶ 필사 전 지금 내 기분은?
화남 불안 보통 편안 행복

모르는 것을 인정하는 용기

"모르는 것을 인정하는 것도 큰 지혜입니다.

모든 것을 다 알 필요는 없고, 모든 것을 다 알 수도 없습니다.

'모른다.'고 말할 수 있는 솔직함이 진정한 지혜입니다.

모르는 것을 부끄러워하지 말고 배움의 기회로 여깁니다.

겸손한 마음으로 모르는 것을 인정하고 배워갑니다.

아는 것보다 모르는 것이 더 많다는 것을 받아들입니다.

무지를 인정하는 것이 진정한 지혜의 시작입니다.

모르는 것이 있기에 계속 배우고 성장할 수 있습니다.

겸손한 마음이 더 큰 배움으로 이어집니다.

무식함과 무지함에서 나오는 용기 보다는

앎과 지혜에서 나오는 용기를 선택하겠습니다."

▶ 필사 후 마음이 어떻게 변했나요?
화남 불안 보통 편안 행복

🔖 **오늘 하루를 한 단어로 표현 한다면?**

예 감사, 피곤, 설렘, 평온…

▌필사 전 지금 내 기분은?
　　　　　　　　　　　　　화남　불안　보통　편안　행복

조언을 듣되 판단은 내가

"다른 사람의 조언을 듣되, 최종 선택과 결정은 내가 합니다.
많은 의견을 들어보지만 나에게 맞는 길은 내가 선택합니다.
조언은 참고사항일 뿐 절대적 기준이 아닙니다.
나의 상황, 나의 가치관, 나의 꿈을 고려해서 결정합니다.
다른 사람의 인생이 아닌 나의 인생을 살아갑니다.
현명한 조언에는 귀를 열고 기울이되 맹목적으로 따르지는 않습니다.
결국 내 인생의 주인은 바로 나 자신입니다.
지혜로운 선택을 위해 여러 의견을 수렴하되 결정은 내가 합니다.
책임감을 가지고 나만의 길을 걸어가는 용기와 지혜를 가집니다."

▌필사 후 마음이 어떻게 변했나요?
　　　　　　　　　　　　　　　　화남　불안　보통　편안　행복

오늘 하루를 한 단어로 표현 한다면?

예) 감사, 피곤, 설렘, 평온…

▶ 필사 전 지금 내 기분은?
화남 불안 보통 편안 행복

인내가 주는 답

"인내는 모든 문제의 해답을 천천히 보여줍니다.
급하게 해결하려 하지 말고 기다릴 줄 아는 지혜를 배웁니다.
시간이 해결해주는 것들이 생각보다 훨씬 많습니다.
조급함 대신 차분함을, 성급함 대신 인내를 선택합니다.
좋은 결과는 충분한 시간과 꾸준한 노력이 필요합니다.
기다리는 동안에도 성장하고 준비하는 자세를 유지합니다.
인내하는 사람에게 더 좋은 기회가 찾아옵니다.
천천히 가더라도 꾸준히 가는 것이 가장 빠른 길입니다.
인내 속에서 피어나는 진정한 결실을 기다립니다."

▶ 필사 후 마음이 어떻게 변했나요?
화남 불안 보통 편안 행복

오늘 하루를 한 단어로 표현 한다면?

예 감사, 피곤, 설렘, 평온…

필사 전 지금 내 기분은?
화남 불안 보통 편안 행복

나이와 지혜는 다르다

"지혜는 나이순이 아니라 경험과 성찰에서 나옵니다.
젊어도 지혜로울 수 있고, 나이가 들어도 어리석을 수 있습니다.
많은 경험을 하고 그 경험에서 배우는 사람이 지혜롭습니다.
경험만 많이 했다고 지혜로운 사람이라고 말할 수도 없습니다.
나이보다는 얼마나 깊이 생각하고 성찰했는지가 중요합니다.
어린 사람에게서도 배울 점이 있다는 열린 마음을 가집니다.
나이에 상관없이 모든 사람에게서 배우려는 자세를 유지합니다.
진정한 지혜는 겸손함에서 시작됩니다.
나이는 그저 숫자에 불과하지만 지혜는 마음의 깊이입니다.
평생에 걸쳐 지혜를 쌓아가는 학습자로 살아갑니다.
오늘도 겸허히 배우겠습니다."

필사 후 마음이 어떻게 변했나요?
화남 불안 보통 편안 행복

🔖 **오늘 하루를 한 단어로 표현 한다면?**

예 감사, 피곤, 설렘, 평온…

■ 필사 전 지금 내 기분은?
화남 불안 보통 편안 행복

살아온 모든 순간이 지혜

"내가 살아온 모든 순간이 소중한 지혜가 되었습니다.
기쁨도, 슬픔도, 성공도, 실패도 모두 나의 자산입니다.
힘들었던 시간들이 나를 더 강하게 만들어주었습니다.
행복했던 순간들이 나에게 희망을 주었습니다.
지금까지의 모든 경험들이 쌓이고 쌓여 현재의 나를 만들었습니다.
과거를 후회하지 말고 그 모든 것에 감사합니다.
모든 순간이 아니라면 부분적으로나마 감사한 마음을 갖습니다.
각자의 살아온 모든 순간이 소중한 인생의 교과서입니다.
과거의 모든 경험이 현재의 지혜로 꽃피었습니다.
인생의 모든 순간이 나를 가르쳐준 귀한 스승입니다."

■ 필사 후 마음이 어떻게 변했나요?
화남 불안 보통 편안 행복

🔖 오늘 하루를 한 단어로 표현 한다면?

예) 감사, 피곤, 설렘, 평온…

감사와 성찰

🔖 필사 전 지금 내 기분은?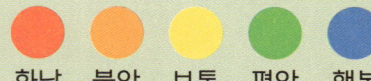

숨 쉬는 것만으로도 감사

"오늘 내가 숨 쉴 수 있다는 것만으로도 충분히 감사할 일입니다.
당연하게 여겼던 모든 것들이 사실은 놀라운 기적입니다.
건강한 신체와 정신, 사랑하는 사람들,
지극히 평범한 일상, 편안한 집, 충분한 음식,
이 모든 것이 감사할 이유입니다.
눈에 보이고, 손에 잡히는 큰 것에만 감사하지 말고
사소하지만 작은 것에도 감사합니다.
감사하는 마음이 더 많은 복과 행복을 불러옵니다.
생명이 있다는 것 자체가 가장 큰 축복입니다.
오늘도 숨 쉬는 모든 순간에 감사하며 살아갑니다.
감사하는 마음의 그릇을 키웁니다."

🔖 필사 후 마음이 어떻게 변했나요?

🔖 **오늘 하루를 한 단어로 표현 한다면?**

예) 감사, 피곤, 설렘, 평온…

🔖 **필사 전 지금 내 기분은?**
화남 불안 보통 편안 행복

작은 것에 감사하는 마음

"작은 것에 감사할 줄 아는 마음이 큰 행복을 부릅니다.
아침에 마시는 따뜻한 물 한 잔, 따스한 햇살,
가족의 메시지, 친구의 연락, 출퇴근길의 반가운 인사,
이런 소소한 일상들이 진짜 행복입니다.
거창한 것을 기다리지 말고, 지금 있는 것에 감사합니다.
감사하는 습관이 삶을 더욱 풍요롭게 만들어줍니다.
오늘도 감사할 일들을 하나씩 찾아봅니다.
많으면 많을수록 좋습니다.
작은 감사가 모여 큰 행복이 됩니다.
일상의 작은 선물들을 놓치지 않고 감사합니다."

🔖 **필사 후 마음이 어떻게 변했나요?**
화남 불안 보통 편안 행복

🔖 **오늘 하루를 한 단어로 표현 한다면?**

예) 감사, 피곤, 설렘, 평온…

📑 **필사 전 지금 내 기분은?**
　　　　　　　　　　　　　　화남　불안　보통　편안　행복

80일을 함께한 나에게

"80일 동안 포기하지 않은 나에게 진심으로 박수를 보냅니다.
바쁜 일상 속에서도 매일 5분씩 나를 위한 시간을 만든 것,
힘들 때도 있었지만 끝까지 함께해준 것,
작은 변화들을 만들어내며 성장해온 것,
모든 것이 대단하고 정말 자랑스럽습니다.
80일의 여정을 통해 많은 것을 배우고 성장했습니다.
80일 간 5분씩 나를 위한 시간을 가졌다면 400분을
확보한 셈입니다. 놀랍지 않으신가요?
나 자신에게 고맙다는 말을 전하고 싶습니다.
80일을 완주해낸 나의 의지력이 놀랍습니다.
이 성취감이 앞으로의 삶에 큰 자신감을 줍니다."

📑 **필사 후 마음이 어떻게 변했나요?**
　　　　　　　　　　　　　　　　　　화남　불안　보통　편안　행복

🔖 오늘 하루를 한 단어로 표현 한다면?

예 감사, 피곤, 설렘, 평온…

🔖 **필사 전 지금 내 기분은?**
화남 불안 보통 편안 행복

힘든 시간들도 선물이었다

"힘든 시간들도 나를 더 강하게 만들어준 소중한 선물이었습니다.
당시에는 왜 이런 일들이 나한테만 생기는지 원망스러웠지만,
지금 돌아보니 그 시간들이 나를 성장시켜주었습니다.
어려움을 통해 내 안의 진짜 힘을 발견했습니다.
고통을 통해 다른 사람의 아픔을 이해하게 되었습니다.
모든 경험이 나를 더 깊이 있는 사람으로 만들어주었습니다.
과거의 모든 순간에 감사하는 마음을 가집니다.
힘든 시간이 있었기에 지금의 행복이 더 소중합니다.
아픔도 성장의 과정이었다는 것을 깨닫습니다.
고통 없는 성장, 아픔 없는 행복은 없습니다."

🔖 **필사 후 마음이 어떻게 변했나요?**
화남 불안 보통 편안 행복

오늘 하루를 한 단어로 표현 한다면?

예 감사, 피곤, 설렘, 평온…

▶ 필사 전 지금 내 기분은?
화남 불안 보통 편안 행복

나온 모든 순간이 현재의 나

"지나온 모든 순간이 지금의 나를 완성시켰습니다.
기쁨도, 슬픔도, 성공도, 실패도 모두 나의 일부입니다.
후회할 일들도 있지만 그것마저도 의미가 있었습니다.
만약 과거가 달랐다면 지금의 나도 없었을 것입니다.
현재의 나를 만들어준 모든 순간들에 감사합니다.
과거를 받아들이고 현재를 소중히 여깁니다.
지금의 나는 과거의 모든 경험들이 만든 작품입니다.
완벽하지 않지만 나만의 고유한 아름다움을 가진 존재입니다.
과거와 현재가 조화를 이룬 지금의 나를 사랑합니다.
미래의 더 나은 나를 위해 현재에 집중합니다."

▶ 필사 후 마음이 어떻게 변했나요?
화남 불안 보통 편안 행복

🔖 **오늘 하루를 한 단어로 표현 한다면?**

예 감사, 피곤, 설렘, 평온…

🔖 **필사 전 지금 내 기분은?**
화남 불안 보통 편안 행복

후회보다는 감사를, 원망보다는 이해를

"후회보다는 감사를, 원망보다는 이해를 선택합니다.
과거를 바꿀 수는 없지만 과거를 바라보는 시각은 바꿀 수 있습니다.
원망하며 사는 것보다 감사하며 사는 것이 더 행복합니다.
다른 사람을 이해하려고 노력하면 마음이 편안해집니다.
부정적인 감정에 머물지 말고 긍정적인 감정을 선택합니다.
같은 상황에 처했더라도 그 순간의 다른 선택이 미래를 좌우합니다.
선택할 수 있는 것과 없는 것을 구분하여 받아들입니다.
내 마음의 평화는 나의 선택에서 시작됩니다.
용서와 이해가 주는 자유로움을 느껴봅니다.
감사와 이해로 가득 찬 마음이 더 아름다운 인생을 만듭니다.
후회와 원망하는 마음을 훌훌 털어내길 바랍니다."

🔖 **필사 후 마음이 어떻게 변했나요?**
화남 불안 보통 편안 행복

🔖 **오늘 하루를 한 단어로 표현 한다면?**

예 감사, 피곤, 설렘, 평온…

▎필사 전 지금 내 기분은?
화남 불안 보통 편안 행복

나의 존재 자체가 선물

"나의 존재 자체가 이 세상에 주는 가장 소중한 선물입니다.

내가 태어나서 지금까지 살아온 것만으로도 의미가 있습니다.

나를 사랑해주는 사람들에게 나는 소중한 존재입니다.

내가 웃을 때 세상이 밝아지고, 내가 사랑할 때 세상이 따뜻해집니다.

작은 나의 존재가 큰 파장을 만들어냅니다.

나 하나만으로도 세상은 충분히 아름다워집니다.

오늘도 선물 같은 존재로 살아가겠습니다.

내 생명 자체가 우주가 나에게 준 최고의 선물입니다.

존재하는 것만으로도 충분히 가치 있고 아름답습니다.

오늘 하루도 나 자신을 사랑하며 감사함으로 마무리합니다."

▎필사 후 마음이 어떻게 변했나요?
화남 불안 보통 편안 행복

♥ 오늘 하루를 한 단어로 표현 한다면?

예 감사, 피곤, 설렘, 평온…

용기와 도전

📑 필사 전 지금 내 기분은?

두려움을 이겨내는 진짜 용기

"용기는 두려움이 없는 것이 아니라 두려움을 이겨내는 것입니다.
두려움을 느끼는 것은 자연스럽고 정상적인 일입니다.
중요한 것은 두려움에 굴복하지 않고 앞으로 나아가는 것입니다.
작은 용기부터 시작해서 점점 더 큰 용기를 내어봅니다.
두려움은 나를 보호하려는 마음에서 나오지만
때로는 성장을 막기도 합니다.
두려움과 마주하면서도 용기 있게 한 걸음씩 나아갑니다.
오늘도 작은 용기 하나를 실천해봅니다.
용기는 근육과 같아서 사용할수록 더 단단하고 강해집니다.
두려움보다 용기가 더 큰 힘을 가지고 있음을 믿습니다.
오늘 하루 어떤 용기를 내셨나요?"

📑 필사 후 마음이 어떻게 변했나요?

🔖 **오늘 하루를 한 단어로 표현 한다면?**

예 감사, 피곤, 설렘, 평온…

🔖 **필사 전 지금 내 기분은?**

작은 용기가 만드는 큰 변화

"작은 용기가 큰 변화를 만들어냅니다.
처음 필사 노트를 펼치고 시작할 때도 작은 용기가 필요했습니다.
하루 5분이라는 작은 시간을 내는 것도 용기였습니다.
85일 동안 지속해온 것도 매일 매일의 작은 용기가 쌓인 결과입니다.
거창한 용기를 기다리지 말고 작은 용기부터 시작합니다.
작은 용기들이 모여서 인생을 바꾸는 큰 힘이 됩니다.
오늘의 작은 용기가 내일의 큰 변화를 만들어낼 것입니다.
용기는 한 번에 생기는 것이 아니라 조금씩 기르는 것입니다.
작은 실천들이 모여 큰 용기로 성장합니다."

🔖 **필사 후 마음이 어떻게 변했나요?**
화남 불안 보통 편안 행복

🔖 **오늘 하루를 한 단어로 표현 한다면?**

예 감사, 피곤, 설렘, 평온…

▌ **필사 전 지금 내 기분은?**

한계라고 생각했던 것들

"내가 한계라고 생각했던 것들이 실제 한계가 아닐 수 있습니다.
'나는 안 돼', '나는 할 수 없어'라고 스스로 제한하지 않습니다.
시도해보지도 않고 미리 포기하는 것은 아쉬운 일입니다.
한계는 대부분 마음속에서 만들어진 가상의 벽입니다.
즉, 나 스스로가 만든 것입니다.
조금씩 한계를 넓혀가며 새로운 가능성을 탐험해봅니다.
한계를 뛰어넘을 때 진짜 성장이 시작됩니다.
오늘도 한계라고 생각했던 것에 도전해봅니다.
진짜 한계는 시도해봐야 알 수 있습니다.
불가능해 보였던 것들이 가능해지는 순간을 경험해봅니다."

▌ **필사 후 마음이 어떻게 변했나요?**

🔖 **오늘 하루를 한 단어로 표현 한다면?**

예 감사, 피곤, 설렘, 평온…

🔖 **필사 전 지금 내 기분은?**

도전하지 않으면 후회만 남는다

"도전하지 않으면 후회가, 도전하면 경험이 남습니다.
실패할 수도 있지만 시도하지 않으면 성공도 불가능합니다.
나중에 '그때 해볼걸.'이라고 후회하지 않기 위해 지금 도전합니다.
결과보다는 도전하는 과정 자체가 가치 있습니다.
도전을 통해 새로운 나를 발견하고 새로운 가능성을 찾습니다.
안전한 곳에만 머물지 말고 새로운 영역으로 나아갑니다.
오늘도 후회 없는 하루를 위해 도전해봅니다.
도전하는 순간이 이미 성공의 시작입니다.
용기 있게 도전하는 나 자신을 자랑스럽게 생각합니다.
자랑스러운 나, 사랑스러운 나의 모습을 생각합니다."

🔖 **필사 후 마음이 어떻게 변했나요?**

📌 오늘 하루를 한 단어로 표현 한다면?

예 감사, 피곤, 설렘, 평온…

🔖 **필사 전 지금 내 기분은?**
화남 불안 보통 편안 행복

불안함 너머의 새로운 세상

"불안함 너머에 새롭고 아름다운 세상이 기다리고 있습니다.
새로운 일을 시작할 때 걱정하고 불안한 것은 당연합니다.
하지만 그 불안함을 넘어서면 새로운 경험이 기다립니다.
불안함은 성장하고 있다는 신호이기도 합니다.
편안함만을 추구하면 성장도 멈춥니다.
적당한 불안함과 긴장감은 발전을 위해 필요합니다.
불안함을 두려워하지 말고 성장의 기회로 받아들입니다.
불안함을 딛고 일어설 때 더 큰 자신감을 얻게 됩니다.
새로운 세상으로 한 걸음 더 나아가 봅니다.
처음 한 걸음이 어렵지 내딛는 순간 시작입니다."

🔖 **필사 후 마음이 어떻게 변했나요?**
화남 불안 보통 편안 행복

🔖 **오늘 하루를 한 단어로 표현 한다면?**

예) 감사, 피곤, 설렘, 평온…

90일

▍필사 전 지금 내 기분은?
화남 불안 보통 편안 행복

90일을 버텨낸 강인함

"90일을 버텨낸 나, 이제 정말 무엇이든 할 수 있습니다.
포기하고 싶었던 순간들도 있었지만 끝까지 해냈습니다.
매일 5분씩 90번의 만남을 통해 나는 완전히 달라졌습니다.
이 경험이 앞으로 어떤 일에도 포기하지 않는 끈기의 힘을 줍니다.
90일이라는 긴 여정을 완주할 수 있었다면 다른 것도 할 수 있습니다.
나의 의지력과 지속력을 확실히 확인했습니다.
90일의 성취를 자신감의 든든한 바탕으로 삼겠습니다.
버텨낸 시간들이 나를 더 강하고 단단하게 만들었습니다.
90일 동안 성장한 나 자신이 정말 자랑스럽습니다."

▍필사 후 마음이 어떻게 변했나요?
화남 불안 보통 편안 행복

🔖 **오늘 하루를 한 단어로 표현 한다면?**

예 감사, 피곤, 설렘, 평온…

91일

🔖 필사 전 지금 내 기분은?

마지막 10일의 의미

"마지막 10일, 나는 이미 충분한 승리자입니다.
91일까지 온 것만으로도 충분히 대단한 성취입니다.
끝이 보이는 지금, 더욱 소중하게 느껴지는 이 시간들,
마지막까지 최선을 다하는 모습이 아름답습니다.
90일을 넘어선 지금, 나는 새로운 차원에 도달했습니다.
마지막 10일도 처음과 같은 간절한 마음으로 임합니다.
끝이 보인다고, 다 왔다고 방심할 수 있는 시기입니다.
평소 그대로 완주를 향한 마지막 스퍼트를 시작합니다.
끝까지 가는 것의 의미와 가치를 깊이 느낍니다.
마지막 순간까지 성장하는 나 자신을 응원합니다."

🔖 필사 후 마음이 어떻게 변했나요?

오늘 하루를 한 단어로 표현 한다면?

예 감사, 피곤, 설렘, 평온…

완성을 향해

🔖 **필사 전 지금 내 기분은?**

끝이 보일 때 더욱 아름다운 것

"끝이 보일 때 더욱 아름다운 것은 그 과정의 소중함 때문입니다.
92일까지 온 이 여정의 모든 순간들이 빛나 보입니다.
힘들었던 날도, 기뻤던 날도 모두 소중한 기억이 되었습니다.
끝을 앞두고 있지만 끝이 아니라 새로운 시작입니다.
100일 필사가 끝나도 나와의 만남은 계속될 것입니다.
나와의 만남은 끊임없이 지속되어야 합니다.
필사 과정에서 배운 모든 것들이 인생의 자산이 되었습니다.
아름다운 마무리를 위해 끝까지 최선을 다합니다.
완성을 향해 가는 이 순간들이 가장 소중합니다.
끝이 보이는 지금이야말로 가장 빛나고 소중한 순간입니다."

🔖 **필사 후 마음이 어떻게 변했나요?**

오늘 하루를 한 단어로 표현 한다면?

예 감사, 피곤, 설렘, 평온…

93일

▌ 필사 전 지금 내 기분은?
화남 불안 보통 편안 행복

93일 동안의 약속을 지킨 나

"93일 동안 나와의 약속을 지킨 나 자신이 정말 대단합니다.
바쁜 일상 속에서도 하루도 빠뜨리지 않고 해낸 것,
때로는 귀찮고 피곤했지만 끝까지 해낸 것,
지금까지 별 것 아니었던 5분이
이제는 한없이 소중한 5분이 되었습니다.
이런 나의 끈기와 의지력이 자랑스럽습니다.
약속을 지키는 사람이 신뢰받는 사람입니다.
무엇보다 나 자신과의 약속을 지킨 것이 가장 소중합니다.
93일의 성실함이 앞으로의 삶에도 큰 힘이 될 것입니다.
스스로와 한 약속을 지켜낸 나에게 박수를 보냅니다.
93일간의 일관성이 나에게 큰 자신감을 주었습니다."

▌ 필사 후 마음이 어떻게 변했나요?
화남 불안 보통 편안 행복

🚩 **오늘 하루를 한 단어로 표현 한다면?**

예 감사, 피곤, 설렘, 평온…

▎**필사 전 지금 내 기분은?**
　　　　　　　　　　　　　　화남　불안　보통　편안　행복

매일 매일이 작은 기적

"매일 매일이 작은 기적이었습니다.
하루하루 새로운 문구를 만나고 새로운 생각을 하며,
조금씩 변화하고 성장해온 94일간의 기적들,
평범해 보였던 하루하루가 실은 특별한 날들이었습니다.
그리고 느끼셨나요? 매일 다른 내용을 적은 듯하지만
결국엔 매일이 소중한 나, 감사한 나, 특별한 나,
자랑스러운 나, 사랑스러운 나의 이야기였다는 것을.
나의 이 모든 행동, 모든 순간들이 기적의 조각들입니다.
작은 기적들이 모여서 큰 변화를 만들어냈습니다.
기적은 거창한 것이 아니라 일상 속에 숨어있었습니다.
오늘도 작은 기적을 만들어가는 하루가 됩니다.
매일의 작은 변화가 쌓여 큰 기적이 되었습니다.
94일 동안의 모든 날들이 소중한 기적이었습니다."

▎**필사 후 마음이 어떻게 변했나요?**
　　　　　　　　　　　　　　　　화남　불안　보통　편안　행복

오늘 하루를 한 단어로 표현 한다면?

예) 감사, 피곤, 설렘, 평온…

🔖 **필사 전 지금 내 기분은?**
화남 불안 보통 편안 행복

포기하고 싶었던 순간들을 이겨낸 의지

"포기하고 싶었던 순간들을 이겨낸 나의 의지력이 자랑스럽습니다.
'오늘 하루쯤은 쉬어도 되지 않을까?' 하는 유혹이 있었지만,
'그냥 내일 10분하면 되지 않을까?' 하는 핑계가 생겼지만,
그 모든 유혹을 이기고 여기까지 온 것이 대단합니다.
의지력은 근육과 같아서 사용할수록 더 강해집니다.
쉽다고 하루에 몰아서 하는 것이 아닌,
쉽기에 하루에 조금씩 꾸준히 해나감이 중요합니다.
95일 동안 단련된 의지력이 앞으로 큰 힘이 될 것입니다.
각자 나름의 일상 속 루틴이 생겼을 겁니다.
처음부터 288개의 5분 중 단 1개만이라도 소중한 나를 위해
사용하길 바라고 또 바랐습니다.
이제는 나 자신의 의지력을 믿고 의지할 수 있게 되었습니다.
포기하고 싶은 마음을 이겨낸 순간들이 나를 성장시켰습니다.
95일간의 인내와 끈기가 만들어낸 단단한 의지력을 자랑스러워합니다."

🔖 **필사 후 마음이 어떻게 변했나요?**
화남 불안 보통 편안 행복

. . . .

🔖 오늘 하루를 한 단어로 표현 한다면?

예 감사, 피곤, 설렘, 평온…

필사 전 지금 내 기분은?
화남 불안 보통 편안 행복

끝이 보일 때 더욱 아름다운 것

"변화는 하루아침에 일어나지 않지만, 매일 조금씩 쌓여갑니다.
96일 동안의 작은 변화들이 큰 변화를 만들어냈습니다.
눈에 보이지 않아도 분명히 변화는 일어나고 있었습니다.
나를 대하는 마음, 감정을 다루는 방법, 일상을 바라보는 시각,
모든 것이 조금씩 달라졌습니다.
주위를 한 번 둘러보시길 바랍니다. 상대와의 비교가 아닌
넌지시 바라만 보셔도 됩니다.
급진적인 변화보다 점진적인 변화가 더 지속됩니다.
96일간의 점진적 변화가 새로운 나를 만들어냈습니다.
천천히 하지만 확실하게 변해온 나 자신을 인정합니다.
작은 변화들이 모여 만든 큰 변화의 힘을 실감합니다."

필사 후 마음이 어떻게 변했나요?
화남 불안 보통 편안 행복

🔖 **오늘 하루를 한 단어로 표현 한다면?**

예 감사, 피곤, 설렘, 평온…

🔖 필사 전 지금 내 기분은?

97일 전의 나와 지금의 나

"97일 전의 나와 지금의 나는 완전히 다른 사람입니다.
처음 필사를 시작할 때의 마음과 지금의 마음이 다릅니다.
더 나를 사랑하게 되었고, 더 나를 이해하게 되었습니다.
나를 사랑하고 이해하게 된 만큼 나의 그릇 또한 커졌습니다.
감정을 다루는 방법도, 일상을 바라보는 시각도 달라졌습니다.
97일이라는 시간이 나를 완전히 새로운 사람으로 만들어주었습니다.
과거의 나에게 고맙고, 현재의 내가 자랑스럽습니다.
변화된 나를 온전히 받아들이고 사랑합니다.
97일간의 성장 여정이 나에게 준 선물이 너무도 큽니다.
새로워진 나 자신과의 만남이 매일 새롭고 기쁩니다.
그리고 앞으로의 성장이 더욱 기대됩니다."

🔖 필사 후 마음이 어떻게 변했나요?

🚩 **오늘 하루를 한 단어로 표현 한다면?**

예 감사, 피곤, 설렘, 평온…

98일

🔖 **필사 전 지금 내 기분은?**
화남 불안 보통 편안 행복

마지막을 향해 달려가는 지금도 소중하다

"마지막을 향해 달려가는 지금 이 순간도 소중합니다.
목적지에 도착하는 것만큼 여행하는 과정도 중요합니다.
98일째인 오늘도 이틀 뒤인 100일째와 똑같이 소중한 하루입니다.
끝을 향해 가는 것이 아니라 새로운 시작을 향해 가는 것입니다.
마지막이라고 아쉬워하지 말고 새로운 시작이라고 기대합니다.
98일까지 함께해준 나 자신에게 감사합니다.
마지막 순간까지 최선을 다하며 아름다운 마무리를 하겠습니다.
끝에서 느끼는 아쉬움보다 과정에서 얻은 보람이 더 큽니다.
98일간의 여정 모든 순간이 보석처럼 빛납니다."

🔖 **필사 후 마음이 어떻게 변했나요?**
화남 불안 보통 편안 행복

🔖 **오늘 하루를 한 단어로 표현 한다면?**

예 감사, 피곤, 설렘, 평온…

새로운 시작

🔖 필사 전 지금 내 기분은?
　　　　　　　　　　　　　　화남　불안　보통　편안　행복

끝은 또 다른 시작의 이름

"끝은 또 다른 시작의 이름입니다.

99일의 여정이 끝나가지만 진짜 여행은 지금부터 시작입니다.

100일 필사로 배운 모든 것들을 이제 실제 삶에서 실천해갑니다.

나와의 만남, 나와의 대화, 나를 사랑하는 법을 배웠습니다.

이제 필사 노트 없이도 나 자신과 대화할 수 있습니다.

99일 동안 기른 습관과 마음가짐이 평생의 자산이 되었습니다.

내일의 100일차는 끝이 아니라 새로운 100일의 시작입니다.

끝남의 아쉬움보다 새로운 시작의 설렘이 더 큽니다.

99일간 쌓아온 모든 것이 새로운 여정의 든든한 밑바탕이 됩니다.

보람차고 뿌듯함을 혼자 간직하지 마시고 전해주세요."

🔖 필사 후 마음이 어떻게 변했나요?
　　　　　　　　　　　　　　　　화남　불안　보통　편안　행복

🔖 **오늘 하루를 한 단어로 표현 한다면?**

예) 감사, 피곤, 설렘, 평온…

🔖 **필사 전 지금 내 기분은?**
　　　　　　　　　　　　　　화남　불안　보통　편안　행복

자신을 사랑하는 법을 배운 100일

"100일 동안 자신을 사랑하는 법을 배운 나,
이제 평생 나와 함께 걸어갑니다.
첫날의 설렘과 마지막 날의 뿌듯함이 함께 느껴집니다.
100일 전 처음 필사 노트를 펼친 순간이 기억나시나요?
기억나지 않으셔도 됩니다. 차곡차곡 기록하셨으니.
이것의 바로 '기록의 힘'입니다.
100일이라는 긴 여정을 완주한 나 자신이 자랑스럽습니다.
포기하지 않고 끝까지 해낸 나의 의지력이 대단합니다.
이제 나는 나를 어떻게 사랑해야 하는지 알고 있습니다.
100일 동안 쌓인 자기사랑의 기초 위에 더 큰 사랑을 쌓아갑니다.
오늘이 끝이 아니라 진짜 시작임을 알고 있습니다.
앞으로도 계속해서 나를 사랑하고 돌보며 살아가겠습니다.
100일간의 여정이 나에게 준 가장 큰 선물은 나 자신에 대한 사랑입니다.
오늘 하루만큼은 무한히 자신을 격려하고 칭찬해주세요."

🔖 **필사 후 마음이 어떻게 변했나요?**
　　　　　　　　　　　　　　　　　화남　불안　보통　편안　행복

🔖 **오늘 하루를 한 단어로 표현 한다면?**

예 감사, 피곤, 설렘, 평온…

에필로그

새로운 시작을 위한 메시지

100일의 여정을 완주한 당신께 진심으로 축하의 말씀을 전합니다.

하루 5분, 288개의 5분 중 단 하나를 자신을 위해 사용하기로 한 작은 결심이 100일이라는 긴 여정이 되었습니다. 그리고 이제 그 여정이 당신을 완전히 새로운 사람으로 만들어놓았습니다.

첫날 "나는 지금, 이 순간만으로도 충분히 소중한 존재입니다"라고 필사했던 그 마음을 기억하시나요? 이제 그 말이 단순한 글귀가 아니라 진정한 믿음이 되었을 것입니다.

100일 동안 당신은 :

- 자신을 사랑하는 법을 배웠습니다.
- 감정과 친구가 되는 법을 익혔습니다.
- 일상에서 마법을 찾는 눈을 길렀습니다.
- 관계 속에서도 나를 지키는 법을 깨달았습니다.
- 내면의 힘을 발견하고 키웠습니다.

이제 필사 노트는 덮어도 괜찮습니다. 왜냐하면, 당신 안에 이미 모든 답이 들어있기 때문입니다. 100일 동안 연습한 자기사랑, 자기돌봄, 자기성찰의 기술이 이제 당신의 일부가 되었습니다.

분명 앞으로도 지치고 힘든 날이 있을 것입니다. 그럴 때 이 노트를 펼쳐보세요. 100일 동안 필사했던 문장들이 다시 한번 당신을 위로해줄 것입니다. 그리고 100일을 완주한 당신의 의지력을 기억하세요. 그 힘이면 어떤 어려움도 이겨낼 수 있습니다.

오늘이 끝이 아닙니다. 오늘은 새로운 시작입니다.
100일 동안 함께해주셔서 고맙습니다. 진심으로 감사드립니다.
앞으로도 계속해서 당신 자신을 사랑하고 돌보며 살아가시기를 바랍니다.

'하루 5분, 나를 찾는 컬러 도트 필사'를 완주했다고, 다시 예전처럼 삶에 대해 안주하시면 금방 돌아갈 수도 있습니다. 그래도 100일간 꾸준히 애쓴 나를 위해 오늘 하루만큼은 안주하며 안주를 드시되, 하루 5분! 온전히 나를 위한 시간만큼은 반드시 확보하시길 바랍니다.

하루 5분,
나를 찾는 컬러도트 감정필사

초판발행일 | 2025년 10월 20일

지 은 이 | 최승호
펴 낸 이 | 배수현
디 자 인 | 천현정
홍   보 | 배예영
물   류 | 이슬기
문   의 | 안미경

펴 낸 곳 | 가나북스 www.gnbooks.co.kr
출 판 등 록 | 제393-2009-000012호
전   화 | 031) 959-8833(代)
팩   스 | 031) 959-8834

ISBN 979-11-6446-133-2 (03190)

※ 가격은 뒤표지에 있습니다.
※ 잘못된 책은 구입하신 곳에서 교환해 드립니다.